실무자를 위한
IPO 매뉴얼

김준, 방은주, 임영교, 정성빈, 조성진

북트리

실무자를 위한 IPO 매뉴얼

초판 1쇄 인쇄 2025년 08월 29일
초판 1쇄 발행 2025년 09월 15일

지은이 김준, 방은주, 임영교, 정성빈, 조성진

펴낸이 김지홍
디자인 최이서

펴낸곳 도서출판 북트리
주소 서울시 금천구 서부샛길 606 30층
등록 2016년 10월 24일 제2016-000071호
전화 0505-300-3158
팩스 0303-3445-3158
이메일 booktree11@naver.com
홈페이지 www.booktree11.co.kr

정가 18,000원
ISBN 979-11-6467-192-2 (13320)

- 이 책은 저작권에 등록된 도서로 저작권법에 따라 무단전재 및 복제와 인용을 금지합니다.
- 이 책 내용의 전부 및 일부를 이용하려면 저작권자와 도서출판 북트리의 서면동의를 받아야 합니다.
- 잘못된 책은 구입하신 서점에서 바꾸어 드립니다.

실무자를 위한 IPO 매뉴얼

김준, 방은주, 임영교, 정성빈, 조성진

북트리

서문

실무자와 현업 전문가를 위한, 가장 현실적인 IPO 워크북을 꿈꾸며

이 책은 단순한 이론서가 아닙니다. IPO를 준비하며 "지금 당장 무엇을 해야 하는지", "놓치고 있는 것은 없는지", "실무적으로 어떤 흐름과 협의가 필요한지"를 고민하는 분들에게 가장 실질적인 워크북이 되었으면 하는 바람으로 집필되었습니다.

비상장기업의 대표로서 처음 IPO를 추진하는 분들, 주관회사와 협의하며 수많은 요구자료와 검토 이슈에 응대해야 하는 **IR 및 재무 담당 임원(CFO)**, 실무 최전선에서 내부 부서들과 자료를 주고받고 외부 자문인들과 실무 일정을 조율해야 하는 **IPO 실무자들**—그 누구든 이 책 한 권이면 실무를 주도하고 이해하는 데 큰 도움이 되도록 구성했습니다.

IPO는 한두 사람이 만드는 프로젝트가 아닙니다. 경영진, 실무진, 주관사, 회계법인, 법무법인 등 수많은 이해관계자가 함께 만들어가는 협업의 결과물입니다. 하지만 정작 실무는 누구에게도 명확하게 정리되어 있지 않은 채, 늘 "이건 어디에 물어봐야 하지?", "이건 누가 먼저 해야 하지?"라는 질문이 반복되는 것이 현실입니다. 이 책은 그런 실무의 공백과 혼란을 줄이고, 누구든 처음부터 끝까지 흐름을 이해하며 실질적으로 IPO를 준비할 수 있도록 만든 **실전형 IPO 가이드북**입니다.

특히 **IR과 재무를 책임지는 임원, 자본시장 전문가인 변호사나 회계사, IPO 컨설팅에 관여하는 자문사** 등 실무적 깊이를 원하는 전문가들에게도, 이 책은 핵심 포인트를 놓치지 않도록 도와주는 체계적인 참조서 역할을 하게 될 것입니다.

많은 기업과 조직이 IPO라는 큰 전환점을 준비하며 시행착오를 줄이고 싶어 합니다. 이 책이 그 과정에서 작은 길잡이가 되어줄 수 있다면, 저자로서 더 바랄 것이 없습니다.

함께 집필에 참여해 주신 모든 분께 감사의 말씀을 전하며, 이 책이 각자의 자리에서 IPO를 준비하는 모든 분에게 실질적인 도움과 든든한 지침이 되기를 진심으로 바랍니다.

목차

서문   4

1부 IPO, 제대로 알고 시작하자

1. 반드시 알아야 할 핵심 용어   11
2. 기업은 왜 IPO를 선택하는가   13
3. 유가증권시장과 코스닥시장 비교   14
4. IPO 이전 투자유치 단계 이해하기   16
5. IPO 주요 절차 요약   19

   ※ 참고

   1. 실사(Due Diligence)의 개념 및 주요 검토 항목   64
   2. 국제회계기준(K-IFRS) 전환의 필요성과
       주요 회계적 고려 사항   67

2부 IPO, 모두 같은 IPO가 아니다

1. IPO, 모두 같은 IPO가 아니다   72
2. 유가증권시장 상장   82
3. 일반·벤처기업의 코스닥시장 상장요건   90
4. 기술성장기업 특례상장 개요   98
5. 기술성장기업 특례상장 중 혁신기술기업   109
6. 기술성장기업 특례상장: 사업모델기업   113
7. SPAC 합병상장 제도   115
8. 공모가격 산정 및 기업 가치 평가   119

❋ 참고
  1. 코스닥시장 주권 상장 유형의 구분   125
  2. 기술특례기업 상장예비심사
      지연 해소를 위한 제도 개선 방안   128
  3. 환매청구권(Put-back Option) 제도   132

3부 IPO 트렌드

1. IPO에도 산업별 트렌드가 존재한다   136
2. 산업별 상장기업 현황   141
3. IPO 제도 및 심사, 정책의 변화   150
4. 증권사 보고서를 통해 본 산업 트렌드   154
5. 벤처투자를 통해 본 산업 트렌드   155

   ※ 참고
   1. IPO 주관 업무 개선 방안   160
   2. 신성장동력·미래전략산업 분야 정부지원자금   164
   3. 녹색환경 분야 정부지원자금   167
   4. 소부장 분야 정부지원자금   170
   5. 스마트 제조/서비스 분야 정부지원자금   173
   6. 문화산업 분야 정부지원자금   176

4부 IPO 성공 사례

1. 일반상장 사례 - 코칩   179
2. 혁신기술 기업 사례 - 코난테크놀로지   182
3. 사업모델 기업 사례 - 엔비티(NBT)   184

4. SPAC 합병상장 성공 사례 - 디지털대성　　　　　187
　　*참고
　　1. 매출의 우상향 추세　　　　　　　　　　　　195
　　2. 영업이익 개선 전략　　　　　　　　　　　　196
　　3. 연구개발 투자 규모 및 비율　　　　　　　　199
　　4. 전략적 투자자로부터의 투자유치 실적　　　202

5부 지적 사례

1. 수익 관련 주요 지적 사례 분석　　　　　　　　206
2. 재고자산 관련 상장 심사 주요 지적 사례 및 대응 전략　　225
3. 내부통제 관련 지적 사례 및 시사점　　　　　　229
4. 특수관계자 거래 관련 주요 지적 사례　　　　　234
5. 개발비 관련 주요 심사 사례　　　　　　　　　243
　　＊참고
　　1. 생산·재고관리 시스템 및 내부통제에 대한
　　　 중점 점검 사항　　　　　　　　　　　　　246
　　2. 진행 기준 매출 인식 기업의 내부통제 구축 방안　249

1부
IPO,
제대로 알고 시작하자

1. 반드시 알아야 할 핵심 용어

1) 상장 (Listing)

상장(Listing)은 일정 요건을 충족한 기업이 발행한 주권을 증권시장에 등록하여 자유롭게 거래될 수 있도록 허용하는 절차이다. 일반적으로 IPO(기업공개)와 동일한 의미로 인식되지만, 상장은 IPO를 포함해 유상증자나 전환사채의 주식전환 등으로 발행된 신주에 대한 거래 허용까지 포괄하는 보다 넓은 개념이다.

2) IPO (Initial Public Offering, 기업공개)

IPO는 비상장기업이 신규 주식을 공모하여 증권시장에 상장하는 절차를 말한다. 코넥스 상장기업이 코스닥으로, 코스닥 상장기업이 유가증권시장으로 이전 상장하는 경우도 IPO에 포함된다. 따라서 "코스닥에 IPO를 한다"는 표현보다는 "IPO를 통해 코스닥시장에 상장한다"가 더 정확하다. 현업에서는 IPO와 상장을 혼용하지만, 양자의 개념적 차이를 명확히 이해하고 사용하는 것이 바람직하다.

3) 상장주선인

기업이 상장을 추진하기 위해서는 상장주선인을 반드시 선임해야 한다. 상장주선인은 상장을 주선하는 금융투자업자로, 투자매매업과 투자중개업 인가를 받은 증권회사만이 해당 자격을 갖는다. 상장주선인은 상장예비심사 신청 및 관련 서류 작성, 주식 분산 요건 충족, 의무 보유 등 한국거래소의 상장 규정에 따른 요건을 이행한다.

4) 주관회사

주관회사는 증권 발행과 공모를 총괄하는 금융투자회사로, 발행회사와 인수 조건을 협의하고 청약 업무를 포함한 공모 전 과정을 주도한다. 일반적으로 상장주선인과 동일한 기관이 수행하며, 복수의 주관회사가 있는 경우 대표주관회사를 지정하고 해당 회사가 실질적 상장주선인의 역할을 담당하게 된다. '주관사'라는 표현이 널리 사용되지만, 자본시장법상 정식 명칭은 '주관회사'이다.

※ 용어 혼선 방지: 과거 '주간사회사'라는 용어가 사용되었으나, 자본시장통합법 도입 이후 폐지되었다. '주간사'는 더 이상 공식 용어가 아니며, 현재는 '주관회사'만이 법적으로 유효한 명칭이다.

5) 인수회사

인수회사는 다음 중 하나 이상의 방식으로 증권을 인수하는 주체이다.

① 제삼자에게 매각할 목적으로 증권을 취득하는 경우

② 인수 계약 체결을 통해 증권을 취득하는 경우

③ 공모 실패 시 미매각분을 전량 인수하기로 한 경우

④ 위 조건을 기반으로 모집 또는 매출을 대행하는 경우

결과적으로 IPO 과정에서 계약을 체결하는 증권회사는 상장주선인이자 주관회사이며 동시에 인수회사이다. 이 중 인수 역할은 증권회사의 주요 수익원으로 작용한다.

2. 기업은 왜 IPO를 선택하는가

IPO를 준비하는 초기 단계에서 가장 먼저 떠오를 수 있는 질문은 "왜 IPO를 해야 하는가"이다. 이는 기업의 경영진뿐만 아니라 투자자, 실무 담당자 모두가 반드시 고민해야 할 근본적인 의문이다.

기업이 IPO를 추진하는 가장 큰 이유는 안정적이고 대규모의 자본 조달을 실현하기 위함이다. 상장을 통해 공개시장에서 자금을 조달함으로써, 기존의 사적 투자와는 비교할 수 없는 자금 유입이 가능해진다. 이는 신사업 투자, 연구개발, 글로벌 진출, 인력 확충 등 기업의 성장을 위한 원동력으로 작용한다.

또한 상장을 통해 재무구조를 개선하고, 자본 기반을 탄탄히 다질 수 있다. 자본시장에서의 자금조달은 부채보다 자본 중심의 조달 구조를 가능하게 하여, 장기적 관점에서 재무 건전성을 높이는 데 기여한다.

이 외에도 IPO는 기업 이미지 제고와 브랜드 가치 향상에도 긍정적인 영향을 미친다. 상장기업이라는 공식적인 신분은 고객, 협력사, 인재 채용 시장에서 신뢰를 구축하는 데 도움이 되며, 우수한 인력 확보에도 유리한 조건을 제공한다.

또한 상장기업에는 일정한 세제 혜택이 적용되는 경우가 많아, 세무 측면에서도 유리한 구조를 만들 수 있다. 이와 같은 다양한 요인들은 IPO가 단순한 자금조달 이상의 전략적 선택임을 보여준다.

결론적으로, 성공적인 IPO는 자본 조달 이상의 의미를 가지며, 기업이 시장과의 접점을 넓히고 지속 가능한 성장 기반을 확보하는 데 있어 중요한 전환점이 된다.

3. 유가증권시장과 코스닥시장 비교

기업공개 시 가장 먼저 고려해야 할 사항 중 하나는 상장 시장의 선택이다. 한국거래소(KRX)는 크게 유가증권시장(코스피)과 코스닥시장으로 구분된다. 두 시장은 상장요건, 투자자 구성, 주가 변동성 등 여러 측면에서 차이를 보인다.

1) 유가증권시장 (코스피)

유가증권시장은 대형 우량 기업 중심의 시장으로, 1956년 개장 이후 삼성전자, 현대자동차, 포스코 등 국내 주요 기업들이 상장되어 있다. 국내외 기관 투자자들의 비중이 높으며, 안정성과 신뢰성이 높은 시장으로 평가된다. 상장요건이 상대적으로 엄격하여, 기업의 재무 안정성과 규모가 중요한 평가 요소로 작용한다.

2) 코스닥시장

1996년 개설된 코스닥시장은 벤처기업과 기술 기반 기업의 자금조달을 지원하기 위해 도입된 시장으로, IT, 바이오, 엔터테인먼트 등 성장 가능성이 높은 기업들이 주로 상장되어 있다. 개인 투자자의 비중이 높고, 유가증권시장에 비해 상장요건이 완화되어 있어, 혁신성과 기술력을 갖춘 중소기업에 적합하다. 다만, 주가 변동성이 크고 기업 간 편차가 심한 편이므로 시장 특성을 잘 이해하고 접근해야 한다.

※ 코넥스시장은 초기 스타트업을 위한 별도의 시장으로, 본격적인 IPO를 준비하는 단계에서는 일반적으로 고려되지 않으며 본서에서는 다루지 않는다.

4. IPO 이전 투자유치단계 이해하기

일반적으로 기업은 IPO에 앞서 다양한 투자 단계를 거치며 자본을 축적한다. 기업의 규모와 성장 단계에 따라 자금 유치 방식은 달라지며, IPO는 그 일련의 흐름 중 최종적인 단계에 해당한다. 다만, 모든 기업이 시리즈 B 또는 C 단계를 거치는 것은 아니며, 일부는 A 단계 또는 그 이전 단계에서 곧바로 IPO를 추진하기도 한다.

투자 단계의 일반적인 흐름은 다음과 같다.

엔젤투자 → 시드투자 → 시리즈 A~C → 상장(IPO)

1) 엔젤투자 (Angel Investment) – 초기 자금조달
- **투자자:** 창업자의 지인, 개인 투자자
- **투자 목적:** 창업 아이디어 구체화, 초기 사업모델 실험
- **형태:** 보통주, 전환사채, 전환상환우선주 등

- **특징**: 제품 개발 전 또는 프로토타입 보유 단계의 기업을 대상으로 하며, 투자 규모는 수백만 원에서 수십억 원에 이르기까지 다양하다. 수익 실현 가능성이 낮고 리스크가 매우 크다.

2) 시드투자 (Seed Investment) – 시장 검증 및 제품 개선
- **투자자**: 벤처 캐피탈(VC), 엔젤 투자자, 시드 펀드
- **투자 목적**: 제품 출시 및 시장 피드백 확보
- **특징**: 제품 또는 서비스가 시장에서 수용 가능한지를 검증하고, 이를 바탕으로 마케팅, 팀 구성, 인프라 확보에 투자된다. 투자 규모는 수억 원 이상이다.

3) 시리즈 A 투자 – 본격적인 사업 확장 단계
- **투자자**: 대형 벤처 캐피탈
- **투자 목적**: 고객 기반 확대, 조직 역량 강화
- **특징**: 일정 수준의 매출이나 고객을 확보한 기업이 시장 점유율 확대와 제품 고도화를 목표로 자금을 유치한다. 자금은 마케팅, 인재 채용, 시스템 강화에 집중된다.

4) 시리즈 B 투자 – 경쟁력 확보 및 고도성장

● **투자자**: 벤처 캐피탈, 일부 사모펀드(PEF)

● **투자 목적**: 시장 내 입지 강화, 경쟁우위 확보

● **특징**: 안정적인 매출 흐름을 보이는 기업이 대규모 마케팅, 해외 진출, M&A 등 공격적 성장을 추진한다. 기업 가치는 빠르게 상승하며, 전략적 투자자가 동반 참여하기도 한다.

5) 시리즈 C 투자 – 글로벌 확장 및 Exit 전략

● **투자자**: VC, PEF, 전략적 투자자, 기관 투자자 등

● **투자 목적**: 글로벌 진출, IPO 또는 M&A 준비

● **특징**: 시장에서 이미 입지를 확립한 기업이 대규모 확장을 추진하거나 상장을 목표로 자금을 유치한다. 투자자는 기업의 Exit 가능성을 고려하며, 기업 가치는 최고 수준에 이른다.

6) 상장 준비 단계 (Pre-IPO)

● **주요 활동**: 법률, 회계, 조직 구조 정비 / 기업 가치 평가 / 증권사·회계법인과의 협업

● **목표**: 공공 시장 진입을 위한 제도적 요건 정비 및 외부 감사 대비

● **특징**: 기업은 상장 심사와 투자자 공모에 대비하여 내부통제

시스템을 정비하고, 기업의 신뢰성과 투명성을 높이는 데 집중한다.

7) IPO (기업공개) – 일반 투자자 대상 자금조달
● **개요:** 기업이 일반 투자자에게 주식을 최초로 공개하며 증권시장에 상장된다.
● **효과:** 대규모 자금조달, 브랜드 인지도 상승, 직원 주식보상제도 활성화, 기업 신뢰도 제고 등

8) 상장 후 관리
● **의무:** 정기공시, 수시공시, 지분공시 등 공시의무 수행 / 재무 투명성 유지 / 주주 친화 정책 운용
● **목표:** 지속적 성장 기반 마련 및 장기 주주 가치 제고

IPO는 단순한 자금 유치 수단이 아니라, 기업의 성장 전환점이자 책임 있는 공개기업으로의 전환을 의미한다. 이러한 일련의 투자 단계를 이해하는 것은 IPO 전략 수립의 기초가 된다.

5. IPO 주요 절차 요약

IPO는 단순한 자금조달 수단이 아니라, 기업이 공공 자본시장에 진입하기 위한 종합 경영 프로젝트이다. 아래는 IPO의 전반적인 흐름을 요약한 것이다.

일정	진행 절차	주요 내용	담당	대상
사전 준비	감사인 지정	금융감독원에 감사인 지정 신청	금감원	상장 신청인
	외부 감사	최근 사업연도 재무제표에 대한 감사	감사인	상장 신청인
	대표주관계약 체결	상장예비심사 준비기간을 고려하여 체결	상장 신청인	대표 주관사
	이사회 개최	상장계획 확정 및 우리사주조합 결성 등	상장 신청인	이사회
	주주총회 개최	재무제표 승인과 정관변경 등	상장 신청인	주주 총회
	명의개서대행계약 및 통일규격증권발행	명의개서대행기관이 통일규격증권 발행 업무 대행	상장 신청인	명의개서 대행기관
	상장예비심사신청 계획 통보	신청예정기한에 따른 통보기한 준수	대표 주관사	거래소

	재무제표 심사 및 회계감리 실시	감사보고서에 대한 재무제표 심사 및 회계감리 실시	금감원 한공회	회계법인 상장 신청인
	주식 의무보유	최대주주 및 특수관계인 보유주식 의무보유	상장 신청인	예탁원
	우리사주조합 결성	조합총회 및 이사회 개최 후 자주관리위탁계약	우리사주 조합	증권금융
	거래소 사전협의	심사 주요 쟁점 사항 사전 협의	거래소	
D	상장예비심사신청	상장예비심사 신청서 및 첨부서류 제출	상장 신청인	거래소
D+1 ~60	상장예비심사	상장적격성 검사	거래소	-
	상장예비심사 심의	상장공시위원회의 상장적격성 심의	거래소	-
	상장예비심사 결과통보	상장예비심사신청서 제출일로부터 45 영업일(Fast Track 20일) 이내에 금융위와 상장 신청인에게 통보	거래소	상장 신청인, 금융위
D+61	주식총액인수 및 모집매출계약 체결	주식공모, 청약, 배정에 관한 사항 등	상장 신청인	대표 주관사

D+62	공모희망가격 결정	증권신고서, 예비투자설명서, 수요예측 등에 제시할 공모희망가격 결정	상장 신청인/ 대표 주관사	-
D+65	증권신고서 및 예비투자설명서 제출	증권신고서 효력 발생 후 청약 가능	상장 신청인	금융위
D+81	증권신고서 효력 발생	증권신고서 수리일로부터 15 영업일 경과	금융위	상장 신청인
	투자설명서 비치, 교부	투자자에게 공람 및 교부	상장 신청인/ 대표 주관사	금융위, 거래소
D+82 ~88	기업설명회(IR) 개최	수요예측전 투자자 대상 설명회 개최 (약 1주일)	상장 신청인	투자자
D+88	수요예측공고	수요예측에 관한 사항 공고	대표 주관사	신문사

1-1 상장 일정 (출처: 한국거래소)

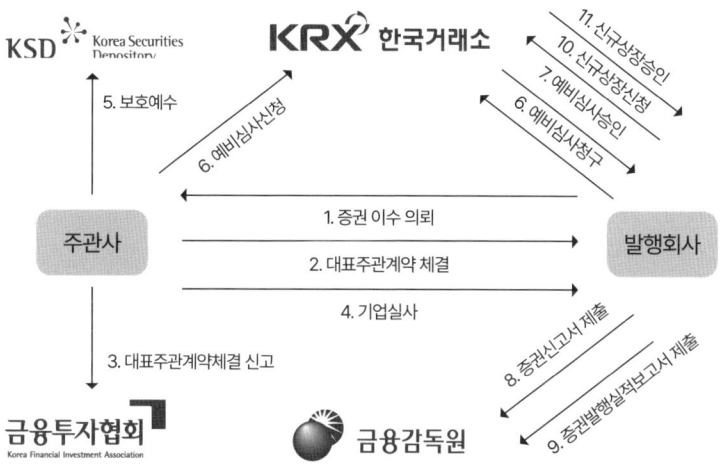

1-2 상장 유관기관 흐름도 (출처: 한국거래소)

1) IPO 목표 설정 및 자체 진단

IPO(기업공개)를 추진함에 있어, 가장 먼저 수행해야 할 과제는 상장의 목적과 기대효과를 명확히 정의하고, 이에 부합하는 시기 및 추진 방법을 구체화하는 것이다. 단순한 자금조달을 넘어 기업의 중장기적인 성장 전략과 연계된 계획 수립이 중요하다.

(1) 상장 목표 및 전략적 방향 설정

상장의 목적이 자금조달인지, 브랜드 인지도 제고인지, 혹은 경영투명성 강화인지에 따라 IPO 추진 방식과 타이밍, 시장 선택(KOSPI vs KOSDAQ), 공모 구조 등 전략적 선택지가 달라진다. 상장 후 기업 가치 극대화를 위한 중장기 로드맵과 IR전략까지 포괄적으로 계획해야 한다.

(2) 자금조달 및 성장 기반 마련

IPO를 위한 준비에는 상당한 비용과 자원이 소요되며, 상장 이후에는 시장의 기대에 부응하는 성과가 요구된다. 따라서

- IPO까지 소요되는 자금의 조달 방안

- 공모자금의 사용계획(설비투자, 기술개발, 인력 확보 등)

- 시장 확대 및 매출 성장을 위한 기술 및 사업 전략

등을 사전에 구체화할 필요가 있다.

(3) 기술성과 및 시장성 사전 점검

기술 기반 기업의 경우, 본격적인 상장예비심사에 앞서 기술특례상장을 위한 기술성 평가를 준비하게 된다. 이때, 기술평가 기관의 심사 기준을 충분히 이해하고, 회사 기술의 차별성, 지속가능성, 시장성 등에 대한 내부 진단을 선제적으로 수행하는 것이 매우 중요하고, 이를 위해서

- 기술성 및 사업성에 대한 자가 진단 수행

- 기술평가 전문평가지침(예: 한국거래소/기술신용평가기관 가이드라인 등) 적용

- 외부 전문가(자문사, 기술평가기관 등)와의 사전 검토 및 피드백 확보

등을 통해 보완이 필요한 부분을 조기에 파악하고 개선하는 전략적 접근이 필요하다.

2) 주관회사 선정 및 계약 체결

IPO 추진 기업은 상장과 관련된 제반 업무를 원활하게 수행하기 위해 상장예비심사 청구일 이전에 대표주관회사를 선정해야 하며, 계약은 늦어도 예비심사 청구일 기준 2개월 전까지 체결하여야 한다. 계약이 체결되면, 대표주관회사는 계약일로부터 5영업일 이내에 한국금융투자협회에 해당 내용을 신고해야 한다.

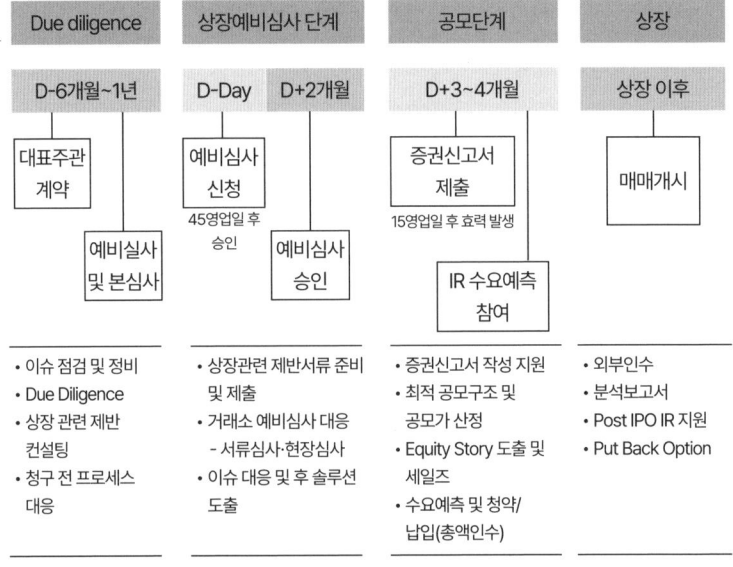

1-3 상장절차 및 절차별 주관회사의 역할과 책임

 실무적으로는 대표주관회사와의 계약은 상장 목표일로부터 1~2년 전에 체결되는 경우가 일반적이다. 이는 주관회사가 상장 전략 수립, 거래소 심사 대응, 증권신고서 작성, 공모가 산정 등 IPO 전 과정에 깊이 관여하며 기업 가치 산정 및 상장 성공 가능성에 중대한 영향을 미치기 때문이다.

 따라서, 기업의 특성과 상장 목적에 부합하는 주관회사를 선정하는 것이 매우 중요하다.

(1) 대표주관회사의 주요 역할

대표주관회사는 계약 체결 이후, 기업에 대한 정밀 실사(Due Diligence)를 진행하며, 다음과 같은 사항들을 점검한다.

- **경영실적 및 영업현황 분석**
- **재무건전성 및 회계·세무 관리 체계 검토**
- **상장요건 충족 여부 검토 및 개선 사항 조율**

이후 상장예비심사 단계에서는 거래소 제출자료 작성, 기술성 평가 대응, 지정감사인 감사보고서 확보 등과 관련해 **기업과 긴밀히 협업**하며, 금융위원회에 제출하는 **증권신고서 작성**과 **공모 절차 전반**을 주도하고, 공모 과정에서는 다음과 같은 업무를 수행한다.

- 기관투자자 수요예측
- 공모가 산정 및 확정 협의
- 청약 모집 및 주식 배정 관리
- 단독 및 공동 주관체제의 비교

대표주관사는 **단독 주관** 또는 **공동 주관** 형태로 구성될 수 있는데, **단독주관은** 의사결정의 일관성이 높고, 커뮤니케이션이 간결하다는 장점이 있지만, 대형 공모의 경우 리스크 분산이 어려울 수 있다. **공동주관은** 복수의 증권사가 참여함으로써 다양한 네트워크와 투자자 기반을 활용할 수 있으며, 대규모 공모에 적합하다. 그러나 의사

조율과 업무 분담의 복잡성이 존재하게 된다. 기업은 IPO 전략, 공모 규모, 투자자 대상군 등에 따라 **단독 또는 공동주관 체제를 전략적으로 선택**할 필요가 있다. 대표주관회사의 선정은 IPO 성공을 좌우하는 핵심 요소 중 하나로, 단순한 계약 체결을 넘어 **기업의 IPO 여정 전반을 함께 설계하고 추진하는 전략적 파트너**로서 인식해야 한다.

주단사단 구성에 따른 장단점		
구분	단독 대표주관	공동주관 + 인수단
장점	• 커뮤니케이션 채널의 단일화 • 빠른 의사결정 • 업무의 책임감이 높음 • 업무의 효율성이 높음	• 동일한 비용으로 폭넓은 인프라 활용 가능 • 복수 증권사 리서치 및 세일즈 조직 활용 가능 • 주관사 간 경쟁 유도 • 주관사단의 풍부한 경험 활용
단점	• 다양한 인프라 활용 제한적 • 대표주관회사의 딜이 많을 경우 상대적 소외받을 가능성 • 다양한 주관사단의 경험과 세일즈 네트워크, 리서치 역량 활용 제한적	• 의사결정 지연 및 의견 수렴의 난이도 증가 • 이해관계가 상이한 주제가 많음에 따른 불편함 발생 • 주관사단의 책임감이 상대적으로 약함

주단사단 지위별 업무범위	
구분	업무범위

대표주관회사	▶ IPO 전반에 관한 업무 수행 　- 기업실사/Documentation 　- Valuation&Pricing/Marketing 　- Regulation Monitoring ▶ 상장 제반 업무에 대한 주관 및 Coordinator로서의 역할 수행
공동주관회사	▶ 대표주관회사 Support 　- 기업실사/Documentation 　- Valuation&Pricing/Marketing 　- Regulation Monitoring ▶ 인수물량의 총액인수/청약사무 수행
인수회사	▶ 인수물량의 총액인수/청약사무 수행

1-4 주관사단 구성의 장단점과 지위별 업무 범위

(2) 대표주관회사 선정 시 고려해야 할 주요 요소

IPO 추진 시 대표주관회사의 선정은 단순한 업무 위탁이 아닌, 상장 성공의 핵심 파트너를 정하는 전략적 결정이다. 이에 따라 주관사의 역량, 수행 경험, 시장 내 평판 등을 다각도로 검토해야 하며, 다음과 같은 주요 기준을 중심으로 평가하는 것이 바람직하다.

① 주관실적 및 리그테이블(League Table)

대표주관사의 IPO 주관 실적은 과거 공모 성공 경험과 시장 신뢰도를 가늠할 수 있는 중요한 지표이다. 특히, 언론사 또는 금융정보기관이 발표하는 **리그테이블(League Table)**은 주관사별 공모 규모, 건수 등을 기준으로 순위를 산정한 자료로, 다음과 같은 내용을 포함한다.

- 일정 기간(연도별, 분기별) 동안의 총공모 금액
- 주관 건수 및 승인률
- 주로 담당한 시장(코스피/코스닥/기술특례 등) 및 업종

리그테이블은 상대적 비교를 위한 참고 자료로 유용하나, 단순 실적 외에 자사에 대한 주관사의 실질적 기여도를 함께 판단해야 한다.

2024년 12월 말 기준 주관사의 실적은 다음과 같다(공모총액 기준, 단위: 백만 원).

	2024년			
	주관사	금액(백만)	건수	점유율
1	KB증권	681,223	13	15.30
2	한국투자증권	681,200	19	15.30
3	미래에셋증권	605,726	14	13.61
4	NH투자증권	478,737	15	10.75

5	삼성증권	341,877	10	7.68
6	JP모간	314,270	2	7.06
7	신한투자증권	299,567	13	6.73
8	대신증권	252,646	12	5.68
9	하나증권	172,876	8	3.88
10	UBS	170,720	1	3.83
11	키움증권	120,671	7	2.56
12	신영증권	114,138	6	2.56
13	DB금융투자	51,502	4	1.16
14	유진투자증권	34,112	5	0.77
15	유안타증권	27,200	3	0.61
16	한화투자증권	22,600	1	0.51
17	SK증권	22,000	3	0.49
18	교보증권	21,600	2	0.49
19	현대차증권	14,000	1	0.31
20	BNK투자증권	9,150	2	0.21
21	LS증권	8,000	1	0.18
22	IBK투자증권	8,000	1	0.18
		4,451,815	143	100.00

1-5 리그테이블 (출처: 더벨)

구분	내용
1. 리그테이블	• 공모규모 기준, 건수 기준, 대표주관 기준 등 다양한 기준 고려 필요
2. 승인율	• 이슈 해결 능력, 유관기관 커뮤니케이션 역량, 사전 정비 역량, 실사 경험 및 역량 등
3. 인수능력	• 공모규모가 큰 경우에 특히 중요, 특례 상장의 경우 풋백옵션 의무에 대한 감내도 정도 등
4. IPO 조직 역량	• 포괄적 딜 경험, 유사기업/산업 경험, 상장트랙별 차별화된 경험, 주요 트랙레코드, 고난도 딜 성공 경험, 유사 상장트랙 경험도 등
5. 리서치 역량	• 산업, 핵심경쟁력 분석 능력, 경쟁사분석, 적합한 Equity stroy 산출 역량, 공모가격 등
6. 세일즈 역량	• 시장 태핑 역량, 공모가격 적정성 전달 역량, 핵심 투자자와의 관계 등

1-6 주관사 선정시 고려요인 – 주관사의 역량

구분	내용
1. 딜 전념도	• 상장업무에 대한 딜 집중도, 동시 진행되는 딜 개수 등
2. 상장준비 지원정도	• 청구서(신청서) 등 서류 준비과정의 지원 정도, 내부 정비 등 상장 전 준비과정에서의 지원정도

구분	내용
3. TF 인력 구성	• TF 구성 인력의 경쟁력, TF 인력 변경가능성 등
4. 주관사내 딜 중요도 순위	• 상장시기에 대한 적극성, 업무 우선순위 등
5. +a 서비스	• FI, 시장, 규제기관, 회계법인, 법무법인, 예탁원, 한공회, 명의개서대행기관, 우리사주 등 다양한 관계자들과의 업무에 대한 지원 정도
6. 핵심 키맨과의 관계	• 딜을 이끌어 가는 핵심 IPO 인력과의 관계 및 신뢰 관계 정도

1-7 주관사 선정시 고려요인 – 서비스요소

구분	내용
1. 수수료 등 비용적 구조	• 수수료 비용, 인센티브 구조, 신주인수권 등
2. 주관사와의 시너지	• 금융거래 ac 지원, 사업제휴(예: 법인차량, 법인카드 등), 기타 공동사업, 자회사 및 계열사 금융지원 등
3. Pre IPO 투자	• 회사에 대한 투자 기회에 대한 적극성 등
4. 이해상충 가능성	• 경쟁사 딜 동시 진행, 정보 유출에 대한 우려, 사업적 이해 상충 가능성 등
5. 기존 투자자 추천	• 기존 투자자와의 계약 관계, 기존 투자자 추천권, 비토권 등
6. 기타 정성적 요인	• 거래관계, 상호간의 관계, 주관사 평판, 기타 감정적 요인 등

1-8 주관사 선정시 고려요인 - 기타요인

② 자사 IPO에 대한 집중도 및 커뮤니케이션 역량

- 주관사가 당사의 IPO 프로젝트에 어느 정도의 인력과 자원을 투입할 수 있는지
- 기업의 업종, 성장 단계, 기술 수준 등을 이해하고 있는지
- 회계법인, 법무법인, 거래소 등 상장 유관기관과의 커뮤니케이션 역량
- 실사 및 상장 전략 수립 과정에서의 리딩 능력

특히 벤처·기술 기반 기업의 경우 기술성 평가 준비 및 시장성 분석 등 특화된 역량이 있는지를 점검하는 것이 중요하다.

③ IPO 전략 및 공모 구조 설계 능력

- 경쟁사 및 시장 분석 역량
- 기업 특성에 맞춘 공모 전략 및 공모가 산정 시뮬레이션
- 기관 수요예측 전략 수립 및 IR 지원 서비스 제공 여부
- 기존 투자자 보호(VC, FI 등) 조항 설정 및 구조조정 능력

기업의 상장 목적과 자금조달 계획에 맞는 공모 구조 및 증권 설계(신주/구주 비율, 옵션 부여 등) 수립 경험도 중요한 평가

항목입니다.

④ 수수료 및 인센티브 구조

주관사와 체결하는 계약에는 보수 체계가 포함되며, 이는 일반적으로 다음과 같은 구조로 구성되는데, 단순한 비용 비교가 아닌, 수수료 대비 제공 서비스의 수준과 성과 기반 조건을 종합적으로 평가할 필요가 있다.

- 기본 수수료(Fixed Fee)
- 성공 보수(Success Fee)
- 성과 기반 인센티브(공모 규모 및 성과 기준 변동형)

3) IPO 전담 조직 구성

기업이 IPO(기업공개)를 성공적으로 추진하기 위해서는 사전 준비 단계부터 체계적인 전담 조직 운영이 필수적이다. IPO는 단기간에 완료되는 프로젝트가 아니며, 재무, 법무, 경영관리, 공시 등 전사적인 업무가 유기적으로 연계되어야 하므로, 상시 조직 혹은 프로젝트 형태의 IPO 전담팀을 구성하여 운영하는 것이 바람직하다.

(1) IPO 준비팀의 역할 및 주요 기능

IPO 준비팀은 상장 완료 시점까지 **대표 주관회사, 회계법인, 법무법인 및 유관기관과의 커뮤니케이션 창구 역할**을 수행하며, 주요 업무는 다음과 같다.

- IPO 일정의 통합 관리 및 내부 로드맵 수립
- 회사의 **정관, 조직 체계, 내규 등 제도적 정비**
- **내부통제 및 회계시스템 고도화**, K-IFRS 기준 적용 준비
- 공모 절차와 관련된 **상장예비심사 및 공시 서류 준비**
- 대표 주관사의 **실사(Due Diligence) 지원** 및 관련 질의응답 대응
- **수요예측, 공모가 산정 등 공모 전략 수립 및 협의**

준비팀은 기업 내 재무, 기획, 전략, 인사, 법무 등 다양한 부서로 구성되며, 필요시 외부 전문 자문사의 지원을 병행하게 된다.

(2) 준비팀 구성 시기와 주관사 선정 순서

IPO 준비팀의 구성 시기와 대표 주관회사의 선정 순서는 고정된 순차를 따를 필요는 없고, **기업의 IPO 이해 수준 및 준비 상태에 따라 유연하게 접근할 수 있다.** 만약 IPO에 대한 전반적인 이해와 경험이 부족하다면, **대표 주관회사와의 계약을 먼저 체결한 후** IPO 준비팀 구성과 내부 체계 정비를 병행하는 방식이 현실적이다. 이 경우,

주관회사는 IPO 추진을 위한 **전략 수립, 조직 구성, 일정 관리 등 초기 단계에서의 방향 설정에 실질적인 조언**을 제공하게 된다. IPO는 단일 부서 또는 일부 인력만으로 추진하기 어려운 복합 프로젝트이기 때문에 기업은 준비 초기 단계부터 IPO 전담팀을 구성하고, 외부 전문가들과의 협업 체계를 구축함으로써 **전사적 역량을 효율적으로 통합하고 리스크를 최소화하는 방향으로 접근**해야 한다.

4) 내부통제 및 회계시스템 정비

기업공개(IPO)를 준비하는 과정에서 가장 우선적으로 구축해야 할 핵심 기반은 내부통제시스템(Internal Control System)인데, 이는 단순한 회계·재무 관리 수준을 넘어, **기업의 건전한 지배구조 확립과 지속 가능한 경영을 위한 필수 인프라**로 기능하게 된다. 내부통제시스템은 경영자가 설정한 목표를 달성하기 위해 수립한 회사 내부의 **정책, 절차, 운영 기준 및 통제 활동 전반**을 포함하며, 다음과 같은 역할을 수행한다.

- **위법 행위 및 부정행위의 사전 예방**
- **비정상적 거래나 회계 왜곡의 차단**
- **재무 보고의 신뢰성 확보 및 정보의 투명성 제고**
- **경영 성과의 객관적 관리 및 내부 책임 체계 강화**

● 조직 운영의 효율성과 효과성 향상

IPO는 외부 투자자 및 규제기관과의 신뢰를 전제로 하며, 특히 **한국거래소의 상장예비심사 및 금융감독원 공시 기준 충족을 위해 내부통제 체계는 필수 요소**이다. 실제로 많은 상장 심사 과정에서 내부통제 미비는 주요 지적 사유가 되며, 향후 상장 이후 공시의무나 회계감사 대응에서도 중대한 리스크로 작용할 수 있다. 따라서 IPO를 준비하는 기업은 **회계, 재무뿐만 아니라 전사적 차원에서 내부통제 프로세스를 구축·운영**하고, 이를 통해 **투명하고 책임 있는 기업 운영 체계**를 조기에 확보하는 것이 바람직하다.

(1) 이사회 및 감사 제도의 정비: 상장기업 지배구조의 핵심 요소

IPO를 추진하는 기업이 반드시 정비해야 할 핵심 지배구조 요소는 **이사회와 감사 제도의 적정한 구성과 운영 체계 확립**이다. 이는 단순한 요건 충족을 넘어, **상장기업으로서의 책임 경영과 투자자 신뢰 확보를 위한 필수 기반**으로 작용한다.

① 이사회 구성 및 운영

이사회는 기업의 전략적 의사결정과 경영진에 대한 감독 기능을 수행하는 최고 의결 기구로서, **정기 및 수시 이사회 개최를 통해**

회사의 주요 경영 사항을 심의·의결한다. 상법 제383조에 따라 이사회는 **최소 3인 이상의 이사**로 구성되어야 하며, **상장회사의 경우 전체 이사 중 4분의 1 이상을 사외이사로 선임**하여 이사회의 독립성과 객관성을 확보해야 한다.

실제 IPO를 준비 중인 기업들은 **상장예비심사 신청 이전에 사외이사 선임을 사전 완료**함으로써 거래소 심사 대응력을 높이고 있다. 이와 관련하여, 한국거래소와 한국ESG기준원이 공동 제시한 「지배구조 모범규준」은 이사회의 투명성과 전문성 강화를 위해 다음과 같은 운영 원칙을 권고하고 있다.

- **대표이사와 이사회 의장의 역할 분리**
- **이사회의 경영·회계·재무·법률 등 전문성 기반 구성**
- **이사회 운영에 대한 내부 규정 마련 및 실질적 이행**

이를 통해 이사회는 단순한 형식적 기구를 넘어, **경영 전반에 대한 견제와 균형 역할을 수행하는 핵심 거버넌스 체계**로 기능하게 된다.

② **감사 제도의 독립성과 실효성**

감사 제도는 이사회와 독립적으로 운영되며, **이사 및 경영진의 직무 집행의 적법성과 재무 건전성, 내부통제시스템의 유효성** 등을 평가한다. 감사는 매 회계연도 종료 후 **감사보고서를 작성·제출해야**

하며, 이에 따라 감사는 **회계, 세무, 법률 등 감사에 필요한 전문 역량을 갖춘 자로 선임**되어야 한다.

또한, 감사의 실효성을 확보하기 위해 기업은 **감사 운영 규정**을 명문화하고 사내에 비치하여야 하며, **감사의 권한과 책임, 감사 절차 및 독립성 보장**에 관한 체계적인 규정을 기반으로 감사 활동이 이뤄져야 한다. **요약하자면,** 이사회와 감사 제도의 정비는 단순한 IPO 요건 충족을 넘어 **기업의 지배구조 수준을 대외적으로 입증하는 핵심 요소**다. 따라서 상장 추진 초기부터 관련 제도를 전략적으로 설계하고 정비함으로써, **지속 가능한 성장과 ESG 기반 경영 체계의 초석을 마련해야 한다.**

(2) 회계 및 자금 시스템 구축

기업공개(IPO)를 추진하는 기업은 **재무 정보의 투명성 확보와 내부통제 체계 강화**를 위해, 회계 및 자금 관리 시스템을 사전에 정비하고 이를 운영할 전문 인력을 확보해야 한다. 이는 상장 심사에서 중점적으로 검토되는 항목일 뿐만 아니라, 상장 이후 투자자 보호와 재무 건전성을 담보하기 위한 핵심 조건이다.

① 회계시스템: K-IFRS 기반 재무 보고 체계 구축

회계시스템은 **국제회계기준(K-IFRS)**에 부합하는 재무 정보를 적시에 정확히 산출할 수 있도록 설계되어야 한다. 상장 전에는 반드시 **지정감사인 제도**를 통해 외부 감사인이 지정되며, 이에 대비하여 K-IFRS 기준에 맞는 회계처리 체계를 사전에 구축하는 것이 필요하다.

이를 위해 기업은 다음과 같은 조치를 취해야 한다.

- K-IFRS 기준에 따라 회계처리를 수행할 수 있는 **전문 회계 인력 확보**
- 회계 업무 흐름에 따라 자동화된 **ERP 및 회계 정보시스템 도입**
- 회계 기록의 **작성자와 승인자의 시스템상 분리**를 통한 내부통제 강화
- 주요 회계 추정·판단에 대한 문서화 및 검토 절차 마련

특히 상장 과정에서 회계 부정이나 오류는 심사 탈락 및 신뢰도 하락의 주요 원인이므로, **업무 분장 기준에 따른 철저한 회계 관리 체계 확립이 필수적**이다.

② **자금 시스템: 독립성과 통제 기반의 자금 운영 체계**

비상장기업은 일반적으로 회계와 자금 기능이 통합되어 운영되는 경우가 많다. 그러나 **상장요건을 충족하기 위해서는 회계와 자금**

부서를 분리하고, 자금 집행의 통제 장치를 **체계화**해야 하는데, 이를 위해 다음의 사항을 중점적으로 정비해야 한다.

- 자금 입·출금 및 증빙 관리를 위한 **자금 관리시스템(TMS, Treasury Management System) 구축**
- 자금 부서의 **독립적 운영** 및 회계·구매 부서와의 기능적 분리
- 자금 집행 시 **기안자, 승인자, 집행자의 역할 분리 및 시스템 권한 분할**
- **펌뱅킹, 공동인증서, 법인카드** 등 민감한 접근 권한의 체계적 통제
- 업무 매뉴얼, 전결 규정 및 이중 승인 체계의 문서화 및 시스템 반영

최근 오스템임플란트, 경남은행 등에서 발생한 **대규모 자금 횡령 사례**는 자금 부문의 내부통제 미비가 초래할 수 있는 심각한 리스크를 여실히 보여준다. 상장 준비 기업은 이를 반면교사 삼아, **재무 리스크를 원천 차단할 수 있는 체계적인 통제 시스템**을 조기에 구축해야 한다. 회계 및 자금 시스템의 정비는 단순한 절차가 아닌, **기업의 신뢰와 상장 자격을 좌우하는 핵심 요소**다. IPO를 준비하는 기업은 K-IFRS 기반 회계 체계와 통제 중심 자금 시스템을 기반으로, **지속 가능한 기업 운영을 위한 재무 인프라를 선제적으로 구축**해야 할

것이다.

(3) 공시 시스템의 구축과 운영

상장회사는 증권시장을 통해 일반 투자자들로부터 자금을 조달하며, 기업의 정보가 광범위한 이해관계자(투자자, 금융기관, 세무당국 등)에게 영향을 미치게 된다. 이처럼 다수의 이해관계자가 관여된 공개시장 환경에서는 **투명성 및 신뢰성 확보를 위한 공시 의무가 핵심적인 제도적 장치**로 작용하며, 공시 시스템의 구축은 상장 준비 과정에서 반드시 선행되어야 하는 요소이다. 상장 직후부터는 정기공시, 수시공시, 공정공시, 지분공시 등 다양한 공시의무가 빈번하게 발생하게 되며, 이를 정확하고 적시에 이행하기 위해서는 **공시 전담 조직과 전문 인력의 확보 및 시스템화된 대응체계**가 필요하다. 체계적인 공시 시스템 구축은 다음과 같은 목적과 효과를 가진다.

① 기업의 투명성 및 신뢰성 제고

상장기업은 재무 상태, 경영 성과, 주요 경영활동 등 기업 전반에 관한 정보를 이해관계자에게 **정확하고 신속하게 전달할 책임**이 있다. 공시 시스템을 통해 이 같은 정보를 선제적으로 제공함으로써 **시장**

신뢰를 제고하고, 기업의 전략 및 비전을 일관되게 전달할 수 있다. 중요정보가 적시에 공개되지 않을 경우, **루머나 비공식 정보 유출로 인한 주가 변동성 확대**와 같은 리스크가 발생할 수 있으며, 이는 투자자 신뢰 저하로 직결된다. 반면, 체계적이고 정합적인 공시는 **기업 이미지 제고 및 자본시장에서의 신뢰 확보**에 기여하게 된다.

② 법적 및 규제상 의무 이행

상장사는 금융위원회, 금융감독원, 한국거래소(KRX) 등 규제기관이 제정한 **공시 관련 법규 및 지침을 엄격히 준수해야 할 법적 의무**가 있다. 공시의무 위반 시에는 과태료 부과, 상장적격성 심사, 심지어 상장폐지와 같은 중대한 제재가 수반될 수 있다. 이에 따라 상장 준비 단계부터 공시 기준의 이해, 관련 법령에 대한 교육, 내부 커뮤니케이션 체계 정비를 통해 공시 오류와 누락을 방지하는 것이 중요하다.

상장 이후의 안정적 기업 운영과 시장에서의 신뢰 확보를 위해서는 단순히 공시 담당자를 지정하는 수준을 넘어, **정교한 내부통제 기반의 공시 프로세스와 명확한 역할 분장이 가능한 조직 체계의 구축**이 필수적이다. 공시는 단지 규제 준수를 위한 수단이 아닌, 기업이 시장과 소통하고 지속 가능한 성장을 도모하는 핵심 수단으로 인식되어야 한다.

(4) 재고 및 제조/생산 관리 시스템의 구축과 운영

IPO를 준비하는 기업은 **재고자산 및 제조·생산 활동의 전 과정을 체계적으로 관리**할 수 있는 전산화된 관리 시스템을 갖추는 것이 필수적이다. 이는 회계적 신뢰성 확보뿐만 아니라, 원가의 정확한 산정, 수익성 분석, 내부통제 체계 확립 등 기업 운영 전반의 투명성과 효율성을 제고하는 데 핵심적인 역할을 한다.

① 재고관리시스템의 필요성과 요건

재고자산의 입고, 출고, 생산 투입 등 일련의 흐름은 **실시간으로 전산 시스템상에서 반영**되어야 하며, 이로부터 재고 수불부(入出庫 내역서)를 자동 생성할 수 있는 통합 재고관리시스템(Inventory Management System)이 구축되어야 한다. 특히, 원재료·재공품·완제품 등 재고자산의 상태 및 유형별 구분 관리와, 불용재고·진부재고·물리적 손상 재고에 대한 정기적인 평가 및 손상차손 인식이 체계적으로 이뤄져야 한다.

② 제조 및 원가관리시스템의 중요성

제조 및 생산 부문에서는 **공정별 작업 내역, 자재 소요량, 공수 투입 현황, 제조 리드타임** 등 **실적 기반의 생산 정보**가 시스템화되어야 하며, 이에 따른 **재공품과 완제품의 구분 관리**가 가능해야 한다. 또한, **전력비, 수도료, 임차료, 감가상각비 등 간접비(고정비)를 생산원가에 합리적으로 배부**할 수 있는 **표준원가 및 실제원가 비교 시스템**이 갖춰져야 하며, 정확한 원가 계산은 회계감사와 투자자 실사 시 신뢰성 있는 자료로 작용한다.

③ 재고 실사 및 평가

기업은 매 회계연도 종료 시점에 **물리적 재고 실사(Physical Inventory Count)**를 수행하고, 실사 결과를 회계 기록과 대조하여 재고자산의 정확성을 검증해야 한다. 진부화되었거나 파손된 재고에 대해서는 적정한 평가손실을 인식하여 자산가치를 현실화하는 것이 필요하다.

④ 프로젝트 단위 원가관리(건설업 등)

건설업, SI(System Integration), 플랜트 엔지니어링 등 **프로젝트 기반 사업구조**를 가진 기업의 경우, 프로젝트별로 투입 원가, 수익, 진척률 등을 실시간으로 파악할 수 있는 프로젝트 단위

원가관리시스템(Project Cost Management System)이 필수적이다. 이러한 시스템을 통해 프로젝트별 손익 분석이 가능하며, 공사계약수익기준(POC) 적용 시에도 정확한 수익 인식 기반을 확보할 수 있다.

재고 및 제조·생산관리시스템은 단순한 운영 효율성 확보를 넘어, **재무제표의 신뢰성, 내부통제의 강화, 그리고 공시의 투명성 확보에 기여**하는 핵심 인프라이다. 상장을 준비하는 기업은 업종 특성에 적합한 시스템을 구축하고, 관련 인력의 교육 및 내부 규정 정비를 병행하여 상장 이후 지속 가능한 운영 체계를 완성해야 한다.

(5) 이해관계자 거래, 정관 및 내부 규정의 정비

IPO를 준비하는 과정에서 회사는 **이해관계자와의 거래에 대한 내부통제 체계를 명확히 구축하고**, 정관 및 주요 사내 규정을 관련 법령 및 상장요건에 맞추어 정비해야 한다. 이는 기업의 지배구조 투명성과 법적 안정성을 확보하기 위한 필수적인 사전 절차이다.

① 이해관계자 거래에 대한 내부통제

이해관계자(임원, 주요 주주, 특수관계인 등)와의 거래는 자금 대여, 매출·매입, 지급보증, 담보제공 등 다양한 형태로 발생할 수 있으며, **기업 내부의 이해 상충 이슈 및 회계 신뢰성 저하 우려**가 제기될 수 있다. 이에 따라 모든 이해관계자 거래는 상법, 자본시장법, 한국거래소 규정 등에 따라 **이사회 승인 및 감사의 검토 절차를 사전에 거치는 내부통제 프로세스**가 마련되어야 한다. 또한, 이와 같은 거래는 공시 대상이 될 수 있으므로 **사전에 관련 정보를 체계적으로 기록·관리하고, 공시 연계 가능성을 검토하는 시스템**이 요구된다.

② 정관의 제정 및 정비

정관은 회사의 조직, 지배구조, 주주권이 및 경영 의사결정 구조를 규정하는 핵심적인 법적 문서로서, 상장 심사 시 한국거래소는 정관의 적법성과 적정성을 면밀히 검토한다. 따라서 한국상장회사협의회(유가증권시장) 및 코스닥협회(코스닥시장)에서 제시하는 **상장회사 표준 정관**을 기반으로 정관을 검토하고, 다음과 같은 항목을 포함하여 세부적으로 정비해야 한다.

- 수권주식수 및 1주당 권면액의 설정
- 신주인수권 배제 및 제한 요건
- 주주총회 소집 및 공고 방법
- 명의개서대행기관 지정 관련 조항
- 주식매수선택권(스톡옵션) 부여 조건

● 신주의 배당기산일 등 신주 관련 규정

정관 개정은 이사회 결의 및 주주총회 승인을 필요로 하므로, **IPO 일정에 맞춰 정관 정비를 사전 추진**하는 것이 바람직하다.

③ 기타 내부 규정의 제정 및 정비

정관 외에도 상장요건을 충족하기 위해 회사는 **임원 퇴직금 규정, 내부 정보관리 규정, 자금 운영 규정, 내부통제 규정 등 주요 사내 규정**을 사전에 정비하거나, 미비된 경우 신규 제정해야 한다.

이는 외부 감사인의 회계감사 및 주관사의 실사(Due Diligence) 과정에서 **지배구조, 내부통제 체계의 정비 수준을 평가하는 주요 기준**이 된다.

IPO를 위한 사전 준비 과정에서 이해관계자 거래의 투명성 확보와 정관·내부 규정의 체계적 정비는 상장 심사 대응력은 물론, 향후 공시·감사·주주총회 등 기업 운영의 전반적인 법적 안정성과 효율성을 결정짓는 중요한 요소이다. 상장 전 충분한 준비를 통해 기업의 법적, 제도적 기반을 강화해야 한다.

5) 회계감사인 지정 및 내부회계관리제도 구축

상장을 추진하는 기업은 「주식회사 등의 외부 감사에 관한 법률」에 따라 **증권선물위원회에 회계감사인 지정을 신청**하고, 지정받은 감사인으로부터 **법정 외부 감사**를 받아야 한다. 감사인 지정 신청은 **상장을 희망하는 사업연도의 전년도 또는 해당 연도 중 상장 일정에 맞추어 기한 내에 이루어져야 하며**, 감사인의 감사 일정 또한 상장 준비 계획과 긴밀히 연동되어야 한다. 또한, 상장 예정 법인은 **재무제표를 일반기업회계기준(K-GAAP)에서 한국채택국제회계기준(K-IFRS)으로 전환하여 작성**해야 하며, 상장 심사 시 제출하는 **최근 사업연도의 재무제표는 외부 감사인으로부터 '적정' 의견을 확보**해야 한다. 이는 상장 심사의 핵심 요건 중 하나로, 회계 투명성과 신뢰성 확보에 직결된다.

(1) 내부회계관리제도의 구축 필요성

신뢰성 있는 회계정보의 제공과 공시를 위해서는 **내부회계관리제도의 구축 및 운영이 필수적**이다. 이는 단순한 회계처리를 넘어서, 기업의 내부통제 전반에 걸쳐 **재무 보고의 신뢰성과 운영의 투명성 확보를 위한 핵심 수단**이다. 비록 상장 직전 사업연도 기준 자산 총액이 1,000억 원 미만인 기업의 경우 내부회계관리제도 운영에 대한 법적 의무는 없으나, 이를 자율적으로 도입하여 운영할 경우 **상장 심사 과정에서 내부통제 건전성을**

인정받을 수 있어 **긍정적인 평가 요인**이 될 수 있다. 이에 따라, 많은 기업들이 상장 전 단계에서 내부회계관리 조직을 선제적으로 구성하고 제도적 기반을 갖추는 추세다.

성공적인 상장을 위해서는 **법적 요건인 감사인 지정 및 적정 감사 의견 확보와 더불어**, 내부회계관리제도 구축을 통한 **지배구조 및 회계 투명성의 선제적 강화**가 요구된다. 이는 투자자 신뢰를 확보하고 상장 이후 지속 가능한 기업 운영을 위한 필수적인 기반이라 할 수 있다.

6) 상장예비심사 신청 및 승인: 한국거래소에 상장예비심사를 신청하고, 형식적·질적 요건 심사를 통해 승인을 획득한다.

(1) 상장예비심사 절차 및 심사 요건

상장을 추진하는 기업은 **한국거래소 상장 규정에 따른 '상장예비심사'를 통해 상장 적격성 여부를 공식적으로 검증**받아야 한다. 이는 주권 상장을 희망하는 법인이 자본시장에 진입할 수 있는 최소한의 기준을 충족하는지를 확인하는 핵심 절차로, **형식적 요건과 질적 요건**에 대한 종합적인 심사를 포함한다.

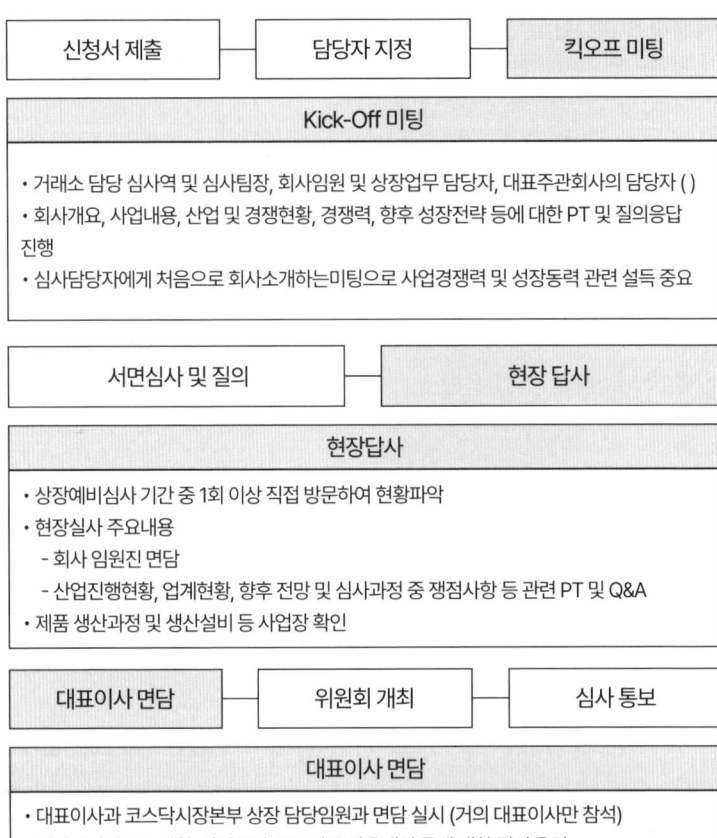

1-9 상장예비심사

① 상장예비심사 절차 개요

기업이 한국거래소에 **상장예비심사 신청서를 제출하면**, 거래소는 아래 절차에 따라 심사를 진행한다.

● **형식적 요건 검토**: 자본금, 주식 수, 주식 분산 요건 등 법령상 요구되는 최소 요건 충족 여부 확인

● **질적 요건 심사**: 경영 성과, 수익성, 재무 안정성, 지배구조, 내부통제, 회계 투명성 등 심층적 검토

● **상장위원회 심의**: 회계, 법률, 기술, 경영 등 분야별 전문가로 구성된 상장위원회에서 심의 및 승인 여부 결정

② 형식적 요건과 질적 요건

● **형식적 요건**에는 자본금 규모, 유통주식 수, 공모주식의 일반주주 분산 비율, 감사인의 감사 의견(적정의견 여부) 등이 포함되며, 이는 정량적 기준에 기반한 평가다.

● **질적 요건**은 최근 수년간의 **경영 성과(매출, 영업이익, 순이익 등)**와 **지속가능성, 내부통제 시스템, 기업지배구조의 투명성, 회계의 신뢰성** 등 정성적 요소를 종합적으로 판단한다.

③ 심사 기간 및 결과 통보

한국거래소는 **상장예비심사 신청서 접수일**로부터 영업일 기준 **45일 이내**에 심사를 완료하고, 그 결과를 **신청 기업과 금융위원회에**

서면으로 통보한다. 이 과정은 상장 가능 여부에 대한 중요한 판단 근거가 되며, 이후 공모 절차 및 증권신고서 제출 등의 단계로 이어진다.

이처럼 상장예비심사는 단순한 문서 심사를 넘어서 기업의 **경영 전반에 대한 종합 진단 과정**이라 할 수 있으며, 상장을 준비하는 기업은 이를 대비하여 **전사적인 법적·회계적·운영적 준비 체계를 사전에 정비**하는 것이 필수적이다.

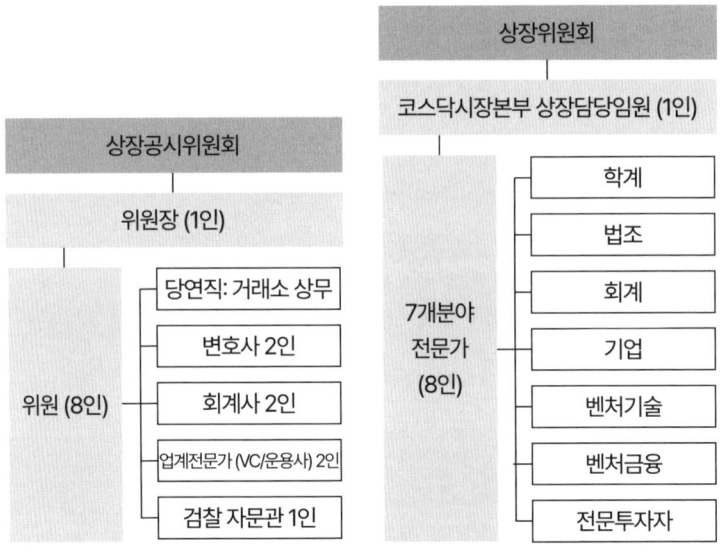

1-10 유가증권시장과 코스닥시장의 상장(공시)위원회

(2) 상장예비심사 신청계획 통보 및 회계 감리 연계 절차

상장예비심사를 신청하고자 하는 기업은 **한국거래소에 사전 신청계획을 통보**하여야 하며, 이는 상장 일정에 직접적인 영향을 미치는 중요한 절차이다. **한국거래소는 기업으로부터 받은 신청계획을 금융감독원에 전달**하고, 금융감독원은 이를 바탕으로 감리 대상 기업을 선정하여 회계 감리를 실시한다. 이는 **상장예비심사와 회계 감리 절차가 유기적으로 연계되어 진행**되도록 하기 위한 제도적 장치이다.

따라서 기업은 **각 상장예비심사 신청 가능 시기별로 정해진 통보 기한 내에 정확히 계획을 제출**해야 하며, 이를 누락할 경우 금융감독원의 감리 대상 기업 선정에서 제외될 수 있다. 이 경우, **회계 감리를 거치지 않은 상태로는 상장예비심사를 신청할 수 없어 당초 계획했던 일정에 맞춘 신청이 불가능**해지며, 결과적으로 **상장 절차 전반이 지연되는 사태가 발생할 수 있다**. 상장 추진 기업은 **신청계획 통보 일정 및 요건을 철저히 숙지하고 준수**함으로써, 상장예비심사의 효율적인 진행과 불필요한 일정 차질을 방지해야 한다.

상장예비심사 신청 예정기간	상장예비심사 신청계획 통보 기한
1.1 ~ 2.28.	11.30. (직전년도)
3.1 ~ 4.30.	1.31.
5.1 ~ 6.30.	3.31.
7.1 ~ 8.31.	5.31.
9.1 ~ 10.31	7.31.
11.1 ~ 12.31.	9.30.

1-11 상장예비심사 신청계획 통보 일정

(3) 한국거래소와 사전 협의

유가증권시장의 경우 사전 협의가 의무 사항이나 코스닥시장은 선택사항이다. 사전 협의 기간은 통상적으로 2주 전을 권고하고 있다.

(4) 상장예비심사 요건: 형식적 요건과 질적 요건

상장예비심사에서는 상장 신청 기업의 **상장 적격성**을 평가하기 위해 **형식적 요건과 질적 요건**을 기준으로 심사가 이루어진다.

형식적 요건은 ▲ 영업성과 및 재무 건전성, ▲ 주식의 유동성 확보 여부, ▲ 투자자 보호를 위한 제도적 요건 등, **객관적이고 정량적인 기준에 초점**을 맞춘 항목들로 구성된다.

반면, **질적 요건**은 ▲ 제출 서류의 진실성과 투명성, ▲ 기업경영의 계속가능성, ▲ 수익성 및 기술력, ▲ 재무 상태와 지배구조의 건전성 등과 같이, **기업의 장기적 성장 가능성과 경영의 투명성을 종합적으로 판단하는 정성적 평가 항목**들로 구성된다.

유가증권시장 주요 내용		
구분	주요 내용	비고
관련 규정	•상장규정 제20조 (사전협의 의무) •최소 1주일 전 실시 원칙	•모든 코스피시장 상장신청인
적용대상	•우량기업(Fast-track) 기업은 ASAP 권장 •일반기업 또한 심사예상 이슈별 사전협의 가능	•우량기업 심사기간 4주
필요서류	•예비심사신청서 초안 •기업실사보고서 초안 •기업실사점검표 초안 •감사보고서	•개별 심사이슈 협의는 별도 가능

코스닥시장 주요 내용		
구분	주요 내용	비고
상장규정	•규정상 없음 •이익미실험 기업은 별도로 가이드	•외국기업의 경우는 필수사항

적용대상	• 개별심사 예상 이슈별 협의 (이메일 협의 후에 대면 미팅 진행) • 이익미실현 기업은 심사트랙 적정성 측면에서 사전협의 권고 • 소부장 특례기업의 경우 심사기간은 짧지만 필수 사항은 아님	• 소부장특례기업은 30영업일 이내 심사
필요서류	• 개별 심사이슈에 대한 자유형식의 사전소명 자료 • 이익미실현 기업은 실적 입증자료가 필요함 (최근 감사보고서 등)	

1-12 유가증권시장과 코스닥시장 거래소 사전협의 사항 비교

또한, 심사 요건은 **상장 시장의 유형(유가증권시장 또는 코스닥시장)에 따라 차이가 있으며**, 더 나아가 **기업이 선택한 IPO 유형**(예: 일반공모, 기술특례, 성장성 특례 등)에 따라 일부 심사 항목 및 기준이 달라질 수 있다. IPO를 준비하는 기업은 자신에게 해당되는 심사 요건을 명확히 이해하고, 이에 따른 사전 준비를 철저히 수행해야 한다.

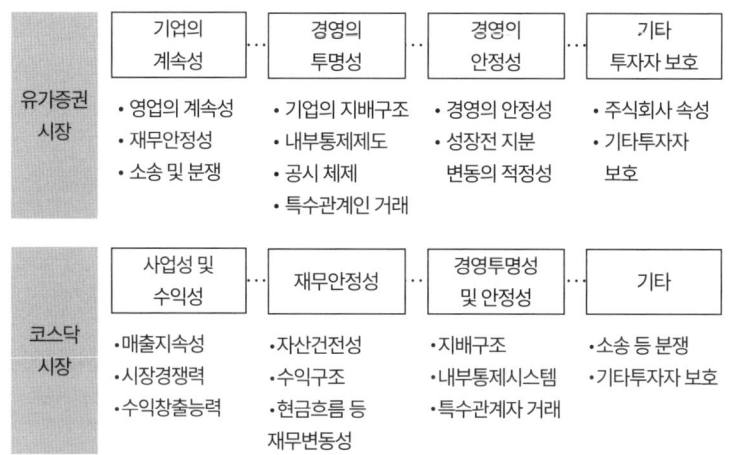

1-13 질적 상장심사요건 비교

(5) 상장예비심사 신청서 구성 및 시장별 제출 요건 차이

상장예비심사 신청서는 ① **사업내용**, ② **공모 관련 사항**, ③ **경영진 현황**, ④ **상장주선인의 검토 의견** 등으로 구성되며, 기업의 상장 적격성을 판단하는 핵심 자료로 활용된다.

유가증권시장과 코스닥시장 모두 유사한 양식의 신청서를 사용하지만, 제출 서류의 세부 항목과 요구 범위에서 **시장별로 차이점**이 존재한다.

● **유가증권시장**의 경우, 보다 높은 수준의 정보공개를 요구하며, **최근 5개 사업연도의 재무 자료 제출이 필수**이다. 이 중 **최근 3개**

연도에 대해서는 K-IFRS 기준에 따라 작성된 감사보고서 제출이 요구된다.

● 반면, **코스닥시장**은 상대적으로 간소화된 요건을 적용하여, **최근 3개 사업연도의 재무 자료**만을 제출하도록 규정하고 있다.

이와 같은 차이는 유가증권시장과 코스닥시장의 **시장 특성과 투자자 보호 수준의 차이**를 반영한 것으로, 상장을 준비하는 기업은 희망 시장에 따라 요구되는 서류 및 준비 범위를 사전에 충분히 검토하고 이에 맞춰 전략적으로 대응해야 한다.

항목	주요내용
I. 회사의 개황	• 상장을 계획한 시기, 이유 및 추진경과 등 • 회사의 연혁, 자본금 변동 사항, 공모(예정) 금액 및 기준시가총액(예정) 등
II. 경영조직에 관한 사항	• 회사 조직도, 최고경영자 및 임원/중요임원에 관한 사항, 노사관계에 관한 사항 등
III. 상장을 위한 조직 정비	• 기업내용 공시체계 정비사항, 전자증권 발행등록 여부, 법률 또는 제규정 준수사항
IV. 사업의 내용	• 업계 현황, 회사 현황 및 사업전략, 주요제품, 매입 및 매출 등 현황
V. 재무에 관한 사항	• 최근 5사업연도 재무제표 및 재무비율 분석, 우발채무 등 • 최근 3사업연도 외부자금조달 내역(주주배정 및 제3자배정, 유상증자 등)

VI. 회계 등에 관한 사항	• 감사인의 감사의견 등 • 내부회계관리규정 개요, 내부회계관리 조직 및 내부회계관리제도 운영실태
VII. 재배정주 및 이해관계자 와의 거래 내용	• 지배구조(이사회의 등)의 개요, 관계회사 현황, 최대주주 등과의 거래내용
VIII. 교묘(환) 주식에 관한 사항	• 공모(할) 주식의 내용, 공모가격 산정시 사용된 비교기업 현황, 공모자금의 사용목적
별지 1-1. 경영자 확인서	• 신청서에 기재된 내용에 대하여 회사의 진실된 진술을 보장하는 대표이사 서명 포함
별지 1-2. 영업 및 재무에 대한 경영의견서	• 회사 개요 및 수익, 비용 구조, 최근 3사업연도 손익 및 재무상태 분석, 경영상의 주요 현안
별지 1-3. 상장주선인의 기업실사보고서	• 상장적합성(형식적+질적요건)에 대한 의견, 회사의 위험요소평가(산업, 영업, 재무, 경영 등)
별점. 기업실사점검표	• 상장주선인이 파악한 기업의 현황, 실사 중 개선 및 보완사항, 잠재적 리스크 기술

1-14 유가증권시장(코스피) 상장예비심사 신청서

7) 증권신고서 제출 및 공모 : 금융위원회에 증권신고서를 제출하고, 수요예측을 통해 공모가를 산정한 후 일반 청약을 실시한다.

공모 절차 및 신규 상장 신청

상장예비심사 결과 **승인을 받은 이후**에는 본격적인 **공모 절차**로 이행된다. 공모 단계에서는 다음과 같은 절차가 체계적으로 수행된다.

① 증권신고서 제출

발행인은 **금융위원회에 증권신고서를 제출**하며, 이 서류에는 **모집 및 매출 개요, 발행인에 대한 상세 정보** 등이 포함된다.

② 투자설명서 비치 및 교부

일반 투자자들이 이해하기 쉽도록 증권신고서의 주요 내용을 요약·설명한 **투자설명서를 작성하여 비치하고, 필요한 경우 교부**한다. 이는 투자 판단을 위한 핵심 자료로 활용된다.

③ 기관투자자 대상 수요예측 및 공모가 산정

대표주관회사는 **기관투자자를 대상으로 수요예측을 실시하고**, 그 결과를 바탕으로 **최종 공모가격을 확정**한다.

④ 청약 및 배정, 주금 납입

확정된 공모가를 기준으로 일반 및 기관 투자자의 **청약을 접수하고**, 이에 따른 **주식 배정과 주금 납입 절차**가 진행된다.

위의 공모 절차가 모두 완료되면, 기업은 **한국거래소에 신규 상장 신청서**를 제출하게 된다. 이때 **신규 상장 신청은 상장예비심사 결과 통지일로부터 6개월 이내**에 완료되어야 하며, 이 기한을 초과하면 예비심사 승인의 효력이 상실될 수 있으므로 주의가 필요하다.

최종적으로 **신주가 발행되고 한국거래소에 상장됨으로써 기업은 공식적인 상장법인의 지위를 얻게 된다.**

아울러, **상장 심사 수수료**는 기업의 자기자본 규모에 따라 차등 부과된다.

- **자기자본 1,000억 원 이하**: 500만 원
- **1,000억 원 초과 ~ 5,000억 원 이하**: 1,000만 원
- **5,000억 원 초과**: 1,500만 원

이는 상장 심사 절차에 따른 행정비용 및 시장 관리 비용에 해당한다. 따라서 상장 추진 초기 단계부터 관련 비용을 포함한 **재무계획 수립이 필요**하다.

8) 신규 상장 신청 및 상장 완료: 모든 절차가 완료되면 주권이 상장되고, 기업은 상장법인으로서의 지위를 갖게 된다.

이상의 각 절차는 상호 유기적으로 연결되어 있으며, 준비의 완성도가 IPO 성공의 핵심 요소가 된다. 이후 장에서는 각 단계에 대한 실무적 세부 사항을 보다 구체적으로 설명한다.

> 참고

1. 실사(Due Diligence)의 개념 및 주요 검토 항목

실사(Due Diligence)는 기업 인수, 투자, 상장 등 주요 거래를 앞두고 거래 대상 기업의 내재적 리스크를 사전에 식별하고 분석하기 위한 절차이다. 이는 투자자 및 이해관계자가 **합리적이고 이성적인 의사결정을 내릴 수 있도록** 지원하는 핵심적인 검토 과정으로, 기업의 **재무 건전성, 법적 안정성, 운영 지속가능성 등**을 다면적으로 점검하게 된다.

특히 IPO를 추진하는 기업은 투자자와의 신뢰 형성을 위해, 상장 전 철저한 실사를 통해 **잠재 리스크를 조기에 인지하고 대응 전략을 마련**하는 것이 필수적이다.

1) 실사의 필요성과 기능

실사의 목적은 단순한 정보 확인을 넘어, 다음과 같은 기능을 수행하는 데 있다.

- 재무·법적 리스크 식별 및 조치 방안 마련
- 기업 가치 산정에 필요한 핵심 정보 확보

- 공시 및 심사에 필요한 객관적 자료 검토
- 내부통제 및 지배구조 개선의 출발점 마련
- 상장 이후의 분쟁 및 법적 책임 사전 예방

2) 조건부 실사(Contingent Due Diligence)

많은 투자 및 M&A, 상장 과정에서는 **조건부 실사**가 적용됩니다. 이는 실사 결과에 따라 계약의 이행 여부가 결정되며, **중대한 문제가 발견될 경우 거래 철회 또는 조건 조정이 가능하도록 구성된 실사 방식인데,** 투자자 보호를 위한 사전 장치로, 실사의 실질적 중요성을 보여준다.

3) 주요 실사 영역 및 검토 항목

실사는 기업의 전반적인 경영 환경과 리스크 요소를 체계적으로 분석하며, 주요 검토 영역은 다음과 같이 구분된다.

구분	주요 검토 내용
재무 실사	재무제표 및 회계처리의 신뢰성, 수익 구조 및 자금흐름, 자산·부채 구성의 직징싱
세무 실사	과거 세금 납부 이력, 세무조사 여부, 세무 위험 요인 및 잠재적 쟁점 분석

법률 실사	법적 소송 및 분쟁 여부, 주요 계약 검토, 지적재산권 권리 확보 상태, 법률 준수 여부
인사 실사	고용계약 체계, 인력 구성, 노무 리스크, 복리후생 제도 및 퇴직급여충당금 현황
운영 실사	사업구조 및 공급망, 기술 및 제품 경쟁력, 운영 리스크 및 사업 연속성 평가
환경 실사	환경 법규 준수, 환경 관련 인허가 보유 여부, 폐기물 및 유해 물질 처리 시스템 등

이외에도 업종 특성에 따라 **정보보호, ESG 요건, 정부 규제 대응력 등**이 실사 범위에 포함될 수 있다.

4) IPO와 실사의 연계성

IPO 과정에서 실사는 단순한 투자 검토의 수단이 아니라, **거래소 상장 심사 및 기술평가의 기반 자료로서 기능하며**, 향후 공모 절차 전반에 영향을 미치는 중요 절차이다. 특히 기술특례상장 또는 성장성 특례상장을 준비하는 기업의 경우, **기술성 및 시장성 평가 대비 차원에서의 사전 실사 준비**가 반드시 요구된다.

실사는 상장 및 투자유치 과정에서 기업의 내재 가치를 입증하고, 향후 리스크를 관리하기 위한 **전략적 진단 절차임으로** IPO를 추진하는 기업은 실사를 단순 검토로 보지 않고, **상장 가능성과 시장**

신뢰도 확보를 위한 핵심 프로세스로 인식해야 하며, 필요시 외부 전문가(회계·세무·법률 자문기관 등)와의 긴밀한 협업을 통해 실사의 완성도를 높여야 한다.

2. 국제회계기준(K-IFRS) 전환의 필요성과 주요 회계적 고려 사항

IPO를 준비하는 기업에게 있어 **국제회계기준(K-IFRS)으로의 회계기준 전환은 필수적인 절차**이다. 대부분의 비상장기업은 일반기업회계기준을 적용하고 있으나, 상장을 위한 지정 감사 및 심사 과정에서는 K-IFRS 기반의 재무제표 제출이 요구된다. K-IFRS는 원칙중심의 회계기준(Principles-based approach)으로, 경제적 실질에 입각한 판단과 공정가치 측정 기반의 회계처리를 강조한다. 이에 따라 다음과 같은 회계 항목에서 기존 회계기준과의 주요 차이점을 명확히 이해하고 이에 대한 준비가 필요하다.

1) K-IFRS의 기본 특성
- **원칙중심의 회계처리 방식**을 채택하여, 세부 지침보다는 회계적

판단에 기반한 처리를 요구함.

● **연결재무제표 작성 의무**: 종속회사가 존재하는 경우 별도 재무제표 외에 연결재무제표의 작성이 필수.

● **공정가치 평가 중심**: 유·무형 자산 및 일부 부채는 공정가치로 측정되며, 이는 다수의 추정과 가정이 개입되는 작업으로, 외부 평가기관 활용 및 감사인과의 사전 협의가 요구됨.

2) 수익 인식 기준 변경

국제회계기준에서는 수익을 다음의 **5단계 절차에 따라 인식**한다.

① 고객과의 계약 식별

② 계약 내 수행 의무 식별

③ 거래가격 결정

④ 거래가격을 수행 의무에 배분

⑤ 수행 의무 이행 시 수익 인식

이에 따라 과거 일반기업회계기준 하에서 인식되던 수익의 **시점 및 금액이 변경될 수 있으며**, 계약 기반의 수익 인식 체계로의 전환이 필요하다.

3) 퇴직급여충당부채의 회계처리

● **일반기업회계기준**: 보고 기간 말 기준으로 퇴직을 가정하고 지급해야 할 금액을 단순 계산하여 부채로 인식.

● **K-IFRS**: 임금 상승률, 퇴직률, 사망률 등의 가정을 반영한 **보험수리적 평가**를 기반으로 퇴직급여부채를 산정해야 하며, 이를 위해 **보험계리사의 계리평가보고서**가 반드시 필요하다.

4) 전환권이 포함된 전환사채 및 전환상환우선주의 분류

● 일반기준에서는 전환권을 자본으로 분류하고 별도 평가를 요구하지 않음.

● K-IFRS는 **전환권의 성격에 따라 자본 또는 부채로 분류**하며, 다음 요건을 충족하지 못할 경우 부채로 분류.

○ 확정된 수량의 자본으로 전환 가능

○ 확정된 금액 기준의 행사 조건

특히, 대부분의 전환권에는 **리픽싱(Refixing) 조항**이 포함되어 있어 부채로 분류되며, 이 경우 **외부 전문 기관의 공정가치 평가가 필수**적이다. 전환권이 부채로 분류될 경우, **재무비율 악화 및 이자비용 인식** 등의 영향이 발생할 수 있다.

※ 리픽싱 조항은 행사 가격 조정 기능으로, 주가 하락 시 기존 주주의 희석화를 유발하며 부채성 금융상품의 대표적인 특징으로 작용함.

5) 리스 회계처리 변경
● **일반기준**: 매월 지급하는 임차료를 비용으로 인식.

● **K-IFRS**: 리스 개시 시점에 **사용권자산(Right-of-Use Asset)** 및 리스부채(Lease Liability)를 인식.

○ 향후 임대료 총액을 현재가치로 계산하여 리스부채로 계상

○ 부채비율이 높은 기업의 경우, 재무구조상 악화로 이어질 수 있으므로 사전 시뮬레이션 및 리스계약 검토가 필요

국제회계기준 전환은 단순한 회계기준의 변경을 넘어, **기업의 회계시스템, 인력, 외부 협력 체계까지 전반적인 재무 인프라의 재구축을 요구**하는 중요한 이슈이다. IPO를 계획하는 기업은 K-IFRS 도입 초기부터 **회계 이슈를 명확히 분석하고 관련 리스크를 선제적으로 관리**해야 하며, 외부 감사인, 평가기관, 보험계리사 등과의 원활한 협업 체계를 구축하는 것이 중요하다.

2부
IPO,
모두 같은 IPO가 아니다

1. IPO, 모두 같은 IPO가 아니다

일반상장, 특례상장, SPAC(기업인수목적회사) 상장 등 IPO의 유형은 다양하며, 유형에 따라 상장 심사 기준과 절차에 중요한 차이가 존재한다. 기업이 IPO를 추진하는 과정은 크게 **사전 준비 → 상장예비심사 → 공모** 단계로 나눌 수 있는데, 이 중 **상장예비심사 단계에서 상장 유형별로 적용되는 심사 요건의 차이가** 가장 크다.

1) 상장 유형별 현황과 경향

최근 5년간의 통계를 살펴보면, **신규 일반상장**은 연간 약 **60~70건** 수준에서 유지되고 있으며, 여기에 **SPAC 합병상장**을 포함하면 연간 IPO 건수는 **80~90건** 내외에 달한다. 이 가운데 **기술성장기업** 상장은 매년 약 **20~30건**, 전체의 22%~38%를 차지하며, 기술 기반 스타트업의 상장이 꾸준히 증가하고 있음을 보여준다.

코스닥시장에서는 **일반 및 벤처기업에 대한 외형적 요건과 질적 요건**을 공통적으로 적용하고 있으며, **상장 유형에 따라 일부 기준을 완화하거나 달리 적용**하고 있다. 특히 코스닥은 **일반상장 이외에도 다양한 특례상장제도**를 운영하고 있으며, 해당 규정은 2023년 12월 개정을 거쳐 2024년부터 시행 중이다.

현재 개정된 **코스닥시장 상장 규정**에 따르면, 특례상장은 다음 세 가지 유형으로 구분된다.

① 기술성장기업 특례상장

기술력을 중심으로 성장 가능성을 평가받는 기업을 대상으로 하며, 기술성 평가기관의 심사를 통과한 경우 일부 재무 요건을 면제받을 수 있다.

② 신속이전기업 특례상장

코넥스시장에 상장된 기업 중 일정 요건을 충족한 경우, 코스닥시장으로의 이전 상장을 간소화하고 빠르게 진행할 수 있도록 하는 제도이다.

③ 대형 법인 등에 대한 특례상장

일정 수준 이상의 자산, 매출, 시장 영향력을 갖춘 기업에 대해 일반적인 상장요건과는 차별화된 요건을 적용하여 상장을 유도하는 제도이다.

이처럼 IPO는 단일한 절차나 기준으로 이뤄지는 것이 아니며,

기업의 업력, 기술력, 시장 포지션에 따라 다양한 상장 경로와 요건이 존재한다. 따라서 IPO를 고려하는 기업은 **자사에 가장 적합한 상장 유형을 사전 검토하고**, 그에 맞춘 준비 전략을 세우는 것이 필수적이다.

2) 기술성장기업 특례상장: 기술 기반 혁신기업의 자본시장 진입 통로

통상적으로 "코스닥시장에 특례상장했다"는 표현은 **기술성장기업 특례상장**을 의미한다. 이 제도는 재무적 요건을 충족하지 못하더라도 **기술력과 성장 가능성이 인정되는 기업이 상장할 수 있도록 허용하는 제도**로, 자본시장 접근성을 획기적으로 제고하였다.

기술성장기업 특례는 크게 두 가지 유형으로 나뉜다.
- **혁신기술기업 특례**: 전문평가기관의 기술평가를 통해 일정 등급 이상의 평가를 받은 기업이 대상이며, 핵심은 **기술력과 성장성에 대한 객관적 검증**이다.
- **사업모델기업 특례**: 지식기반의 독창적인 사업모델을 보유한 기업이 대상이며, **상장주선인의 평가 및 추천을 통해 상장요건을 충족**하게 된다.

이 외에도 **소재·부품·장비(소부장) 기업 특례**, 2024년부터 적용되는 **초격차 기술특례** 등 다양한 특례제도가 기술성장기업 특례 범주에 포함되어 있다. 이처럼 기술성장기업 특례는 기술력 중심의 유망 기업을 적극적으로 자본시장에 유입시키려는 정책적 목적에 기반하고 있다.

(1) 기술성장기업 특례의 효과와 한계

기술성장기업 특례는 **혁신 기술 기업이 조기 상장을 통해 필요한 자금을 조달하고, 이를 바탕으로 연구개발 및 시장 확장에 주력할 수 있도록 지원**해 왔다. 특히 **브랜드 인지도 제고, 기업 가치 상승, 인재 유입 효과** 등 부수적인 이점도 누릴 수 있다.

그러나 해당 제도는 몇 가지 **구조적 한계와 부작용도** 내포하고 있다.

- **재무 요건의 완화**는 상장 이후 기업의 **성과 불확실성과 투자위험**으로 이어질 수 있으며, 상장 이후 일정 요건 미달로 인한 **관리종목 지정 또는 상장폐지 사례도** 존재한다.
- 일부 기업이 **기술력 확보보다는 상장 자체에만 집중**하는 경향도 문제로 지적된다.
- 기술성 평가 자체에 **주관적 요소가 개입될 여지가 있어 평가**

기준 및 결과의 일관성 부족 문제가 발생할 수 있으며, 이는 오히려 **진정한 기술 혁신기업의 상장 기회를 제한**하는 결과로 이어질 수 있다.

(2) 제도적 개선과 향후 과제

그럼에도 불구하고 기술성장기업 특례는 **기술 중심의 스타트업과 혁신기업에게 매우 유용한 상장 경로**로 자리매김하고 있다. 이에 따라 제도의 남용을 방지하고 공정성을 강화하기 위한 다음과 같은 **지속적 개선 노력**이 이루어지고 있다.

- 기술평가기관의 **평가 기준 표준화 및 심사 투명성 제고**
- 상장 이후 기업의 **지속적인 공시·내부통제 강화 요건 부여**
- 시장 신뢰를 위한 **상장 후 모니터링 체계 보완**

기술성장기업 특례상장은 단순한 상장 기회를 넘어, **기술력 있는 기업의 장기적 성장 기반을 구축할 수 있는 제도**로서 그 의의가 크며, 앞으로도 제도적 보완을 통해 긍정적인 성과를 지속적으로 창출해 나갈 필요가 있다.

3) 신속이전기업 특례: 코넥스 상장기업의 코스닥 이전 상장 지원 제도

신속이전기업 특례제도는 코넥스시장에 상장된 기업이 일정 요건을 충족할 경우 **코스닥시장으로의 이전 상장 시 일부 심사 요건을 면제 또는 완화** 받을 수 있도록 마련된 제도이다. 이 특례는 **우량 중소·벤처기업의 성장 지원과 자본시장 단계적 진입 유도**를 목적으로 한다.

(1) 적용 대상 및 요건

이 특례는 **코넥스시장에 상장된 후 1년 이상 경과한 법인**이 대상이며, 다음과 같은 요건을 충족해야 한다.

- 재무 요건, 주식 분산, 시가총액 등 형식적 요건을 충족
- 지정 자문인으로부터 상장 이전 최소 6개월 이상 자문을 받은 상태에서의 추천
- 최대 주주의 보통주 지분율이 30% 이상이고, 최근 1년 이내 최대 주주 변경 사실이 없을 것
- 경영권 분쟁, 소송 등 경영 안정성을 위협하는 요인이 없을 것

이러한 요건을 충족한 경우, **질적 심사 항목 중 일부 요건이 면제**된다.

(2) 완화 또는 면제되는 심사 요건

- **기업의 계속성 요건**: 지정 자문인의 추천을 받은 경우 면제
- **경영 안정성 요건**: 최대 주주 조건 및 경영권 관련 분쟁이 없는 경우 면제

이와 같은 심사 요건의 간소화는 코넥스시장에서 이미 일정 수준의 시장성과 투명성을 입증한 기업이 보다 **신속하고 효율적으로 코스닥시장에 진입**할 수 있도록 돕는다.

(3) 제도적 의의

신속이전기업 특례는 **성장잠재력을 보유한 중소·벤처기업이 자본시장에서 단계적으로 성장**할 수 있는 환경을 조성한다는 점에서 의의가 크다. 또한 심사 간소화를 통해 **상장 소요 시간과 비용을 절감**함으로써, 코넥스를 활용한 상장 전략의 실효성을 높이고 있다.

다만 이 제도는 심사 완화를 전제로 하기 때문에, 기업은 여전히 **공시의 신뢰성, 내부통제 시스템, 투자자 보호 장치** 등을 갖춘 상태에서 투명하고 건전한 기업 운영을 유지하는 것이 중요하다.

4) 대형 법인 및 공공기관에 대한 상장 심사 특례

최근 사업연도 기준으로 매출액이 1,000억 원 이상이고, 법인세비용차감전계속사업이익이 200억 원 이상인 국내 기업은

코스닥시장 상장예비심사 시 일부 형식적 및 질적 요건의 적용이 면제된다. 이는 기업의 **규모와 안정적인 수익 구조를 감안해 상장 심사 절차를 간소화**하기 위한 조치이다.

(1) 적용 제외되는 심사 요건
- 형식적 심사 요건 중 경영 성과 및 시장평가 관련 요건 미적용
- 질적 심사 요건 중 기업의 계속성 요건 미적용

즉, 일정 기준 이상의 실적을 보유한 대형 기업의 경우, **경영 성과나 시장의 평가는 별도로 심사하지 않으며**, 지속 가능한 경영 여부에 대한 요건 역시 적용받지 않는다.

(2) 공공기관 및 예외적 특례 적용

이 외에도 **정부 또는 공공기관이 50% 이상의 지분을 보유한 법인**이나, **한국거래소가 인정하는 공공적 성격이 강한 일부 기관**에 대해서도 예외적으로 다음과 같은 요건 적용이 면제될 수 있다.

- 형식적 요건 중 주식의 분산, 경영 성과 및 시장평가, 감사 의견 요건
- 질적 심사 요건 전반

(3) 제도적 의의

이와 같은 특례는 **공공기관 및 일정 규모 이상의 기업이 자본시장 진입 시 불필요한 절차적 중복을 최소화**하고, **신속한 상장을 유도**하기 위해 마련된 제도로, 기업의 자금조달 효율성과 정책적 목적을 동시에 충족시키는 기능을 수행한다.

다만, 심사 요건의 일부가 면제되더라도 **공시의 투명성, 이해관계자 보호, 내부통제 체계 구축 등 기본적인 상장 적격성 요건은 여전히 충실히 갖추어야** 하며, 거래소는 이를 종합적으로 고려해 상장 여부를 최종 판단한다.

5) 이익미실현기업 및 SPAC 합병상장 특례제도

(1) 이익미실현기업 특례 (일명 '테슬라 상장')

코스닥시장 상장요건 중 형식적 심사 항목에는 **경영 성과 및 시장평가 요건**이 포함되며, 일반적으로는 수익성과 일정 매출액 기준을 충족해야 한다. 그러나 **수익성과 매출액 기준을 충족하지 못하더라도, 시장평가 및 성장성 요건을 만족할 경우 상장이 가능한 특례제도**가 있다. 이를 통해 상장하는 기업을 통상적으로 '이익미실현기업'이라 하며, 일명 '테슬라 상장'으로도 불린다.

해당 제도는 **2017년부터 시행되어**, 기술력과 시장성은 뛰어나지만 아직 실질적인 수익을 창출하지 못한 스타트업이나 성장 초기 기업이 **자본시장에 조기에 진입할 수 있도록 기회를 부여하는 데에 그 목적이** 있다. 이를 통해 벤처 및 혁신기업의 성장을 촉진하고 자금조달의 유연성을 제고할 수 있다.

(2) SPAC(기업인수목적회사) 합병상장

SPAC(Special Purpose Acquisition Company, 기업인수목적회사) 합병상장은 **상장된 SPAC 법인이 비상장법인을 합병함으로써, 비상장법인이 SPAC의 상장 지위를 승계하게 되는 방식**의 상장이다. 이러한 절차를 통해 비상장기업은 전통적인 IPO 절차 없이 비교적 간소화된 방식으로 상장이 가능하다.

과거에는 SPAC이 **존속하고 비상장기업이 피합병법인으로 소멸하는 구조**만 가능했으나, **2021년 8월 상장 규정 개정**을 통해 SPAC이 소멸하고 **비상장법인이 존속법인이 되는 방식**의 합병상장이 추가로 허용되었다. 이에 따라 **2022년부터 SPAC 소멸 방식의 합병 사례가 등장**하였고, 2023년에는 소멸 방식 합병 건수가 기존의 존속 **방식 건수를 넘어서는 변화**가 나타났다.

이러한 변화는 합병 후 기업의 경영 자율성과 정체성 유지 측면에서 유리하게 작용할 수 있는 구조로의 이동을 보여주며, SPAC을 활용한 다양한 상장 전략이 가능해졌다는 점에서 **자본시장에서의 의미 있는 진전**으로 평가된다.

2. 유가증권시장 상장

안정적인 시장으로 평가받는 만큼 상장예비심사의 심사 요건이 가장 까다롭다. 코스닥과 달리 상장예비심사 신청 전 한국거래소와 사전 협의도 필수이다. 코스닥시장의 상장법인이 이전 상장하는 경우도 많다. 유가증권시장 상장을 위한 요건들을 살펴보자.

1) 유가증권시장 형식적 요건의 주요 내용 및 평가 기준

구분	내용
기업규모	자기자본 300억원 이상 (최근 사업연도 말이 지난 후 자본금과 자본잉여금이 변동된 경우, 변동 내용을 반영하여 자기자본 산정)
영업활동 기간	3년이상(합병, 분할 등이 있는 경우, 실질적 영업활동기간을 고려)

상장예정 주식수	공모 후 100만주 이상
주식의 분산요건	• 다음의 어느 하나에 해당할 것 ① 일반주주 소유비율 25% 이상 또는 일반주주 소유주식 500만주 이상 ② 공모주식수 25% 이상 또는 총 공모주식수 500만주 이상 ③ 자기자본 500억원 이상 법인은 10% 이상 공모하고 자기자본에 따라 일정규모 이상 주식 발행 ④ 국내외등록미공모법인은 공모주식수 10% 이상 & 국내공모주식수 100만주 이상 • 의결권 주식 소액주주: 700명 이상
경영성과 요건(택1)	• 매출액(연결기준) 및 이익 등 (다음 요건 모두 충족) ① 최근 매출액 1,000억원 이상 및 3년 평균 700억원 이상 ② 최근 사업연도에 영업이익, 법인세차감전계속사업이익 및 당기순이익 각각 실현 ③ 다음 중 하나를 충족 　- ROE: 최근 5% & 3년 합계 10% 이상 　- 이익액: 최근 30억원 & 3년 합계 60억원 이상 　- 자기자본 1천억원 이상 법인: 최근 ROE 3% 또는 이익액 50억원 이상이고 영업현금흐름 +
	• 매출액 및 기준시가총액 (다음 요건 중 택1) ① 최근 매출액 1,000억원 이상 & 기준시가총액 2,000억원 이상 ② 최근 이익액 50억원 이상 & 기준시가총액 2,000억원 이상 ③ 자기자본 2,000억원 이상 & 기준시가총액 6,000억원 이상 ④ 기준시가총액 1조원 이상
감사의견	최근 사업연도: 적정, 직전 사업연도: 적정/한정 (개별 및 연결재무제표)

의무보유	대주주 등: 상장 후 6개월간 매각 제한 예비심사신청일 이전 1년간 3자배정으로 신주를 취득한 자: Max(상장일로부터 6개월, 신주발행일로부터 1년)

2-1 유가증권시장 상장요건 중 형식적 요건

유가증권시장의 형식적 요건은 다음과 같다.

2) 유가증권시장 질적 심사 요건의 주요 내용 및 평가 기준

유가증권시장 상장 심사에서 요구되는 질적 심사 요건은 기업의 지속가능성과 경영 안정성, 투명성 등을 종합적으로 평가하기 위한 기준으로, 다음의 다섯 가지 항목으로 구분된다.

(1) 기업의 계속성

기업의 계속성은 다음 두 가지 측면에서 평가된다.

● **영업의 계속성**: 기업의 안정적인 영업활동이 가능한지 여부를 판단하며, **사업의 독립성, 성장성, 주요 매출처, 매출 구조의 안정성** 등을 종합적으로 검토한다.

● **재무의 안정성**: 재무구조, 우발채무, 소송 및 분쟁 여부, **시가총액 산정 방식의 합리성** 등을 기준으로 기업의 재무적

지속가능성을 평가한다.

(2) 경영의 투명성

경영 투명성은 투자자 보호와 시장 신뢰도 확보의 핵심 기준으로, 다음과 같은 요소들이 포함된다.

● **기업지배구조**: 경영의 독립성, 이사회 구성의 적정성, 감사의 **독립성** 등 경영 권한과 책임의 구조를 평가한다.

● **내부통제제도**: 내부 규정, 리스크 관리 체계 등의 구축 여부와 실효성 확인이 필요하다.

● **공시 체계**: 회계처리의 적정성, 적기 공시 능력, 정보 공시의 **신뢰성**을 중점적으로 심사한다.

● **특수관계인과의 거래**: 거래 조건의 적정성 및 공시 여부의 **적정성**을 통해 외부 이해관계자의 이익 침해 여부를 점검한다.

● **ESG 경영 체계**: 최근 강화된 평가 항목으로, 기업의 환경(E), 사회(S), 지배구조(G)에 대한 정책 및 실행 수준을 포함한다.

(3) 경영의 안정성

경영 안정성은 다음 항목을 통해 판단된다.

● **지분 당사자 간의 관계**

- 지분 구조의 변동 이력과 지속성
- 지배주주의 안정성 및 경영권 분쟁 가능성 여부

불안정한 지분 구조나 과도한 변동은 심사에서 불리하게 작용할 수 있다.

(4) 법적 자격 요건 충족

신청 기업은 「상법」상 주식회사로서의 법적 성격과 운영 방식을 명확히 갖추고 있어야 하며, 해당 요건을 충족하지 않을 경우 상장 심사 대상에서 제외된다.

(5) 공익 실현 및 투자자 보호

해당 요건은 심사 기준 중 가장 포괄적이면서도 핵심적인 항목이다.

- **영업 내용이 사회질서나 선량한 풍속에 위배되지 않아야 하며**, 향후 상장 이후 매매에 있어 **충분한 유동성을 확보할 수 있는 업종**이어야 한다.
- 예를 들어, **불법사행산업, 사회적 논란이 큰 업종 등은 상장 심사에서 배제**될 수 있다.

참고: 제도 개정 동향

유가증권시장 질적 심사 요건은 비교적 큰 틀에서 안정적인 구조를 유지하고 있으나, **시장 환경 변화와 정책 방향에 따라 정기적으로 개정**되고 있다. 예컨대, **2024년 4월에도 일부 항목이 개정**되었으며, 향후에도 ESG 요소 확대, 기업지배구조 강화 등을 중심으로 추가적인 개정 가능성이 상존한다.

이와 같이 유가증권시장 질적 심사 요건은 단순한 형식 요건 이상의 실질적 검토 기준으로 기능하며, 상장을 준비하는 기업은 해당 요건을 충족시키기 위한 **조직적 대응 및 내부 시스템 정비**가 필수적이다.

3) 유가증권시장 상장 절차별 제출 서류

유가증권시장 상장을 추진하는 기업은 상장 단계에 따라 요구되는 다양한 서류를 준비해야 한다. 주요 제출 서류는 **상장예비심사 단계**와 **상장 신청 단계**로 구분되며, 각 단계별 제출 서류는 다음과 같다.

(1) 상장예비심사 신청 시 제출 서류

상장예비심사는 기업의 상장 적격성을 판단하기 위한 최초 심사 절차로, 다음과 같은 주요 서류를 제출해야 한다.

- **상장예비심사신청서**: 정해진 양식에 따라 작성하며, 상장 추진

의사를 공식적으로 제출하는 문서.

● **최근 3개 사업연도의 재무제표 및 감사보고서**: 외부 감사인의 감사가 완료된 재무 자료로 기업의 재무 건전성을 입증.

● **최대 주주 등의 계속보유확약서**: 상장 이후 일정 기간 동안 주식의 처분을 제한하겠다는 확약서.

● **최대 주주 등의 보호예수 증명서**: 한국예탁결제원에서 발급한 예치 증명서로, 주식의 보호예수 이행 여부를 확인.

● **권종별 견양 또는 통일규격증권발행증명서**: 상장 대상 주권의 형태 및 발행 관련 사항을 증명하는 서류.

● **법인 등기부등본**: 기업의 법적 등록 사항 확인용 기본 문서.

● **정관**: 회사의 목적, 자본금, 주식 관련 사항 등 기본적인 회사 규정을 담은 문서.

● **최근 연도 말 기준 주주명부 및 실질주주명부**: 지분 구조 및 실질 소유자의 확인을 위한 기초자료.

(2) 상장 신청 시 제출 서류

예비심사를 통과한 이후 실제 상장을 신청하는 단계에서는 다음과 같은 서류를 제출해야 한다.

● **신규 상장 신청서**: 상장을 최종적으로 신청하는 공식 문서.

- **상장명세서** (직상장의 경우): 상장 대상 주권의 상세 내역을 명시.
- **상장계약서**: 상장법인과 한국거래소 간 체결되는 계약서.
- **권종별 견양 또는 통일규격증권발행증명서**: (예비심사 시 제출과 동일) 상장 대상 주권의 규격 확인.
- **예탁자 계좌부기재확인서**: 예탁증권이 정상적으로 계좌에 기재되었음을 확인하는 문서.
- **주금납입 증명서**: 자본금 납입의 적법성과 이행 여부를 증명하는 서류.
- **법인등기부등본**: 기업의 법적 상태 확인용 (갱신된 최신본 제출).
- **증권발행실적보고서 사본**: 최근 증권 발행 이력에 대한 보고자료.
- **주식분포상황표**: 주식의 분산 상태 및 투자자 구성 현황 확인용.
- **명의개서대행계약서 사본**: 명의개서 업무를 수행할 대행기관과 체결한 계약서.

상기 서류들은 한국거래소 및 관련 기관이 기업의 상장 적격성과 준비 상태를 판단하는 핵심 자료로, **정확성, 완전성, 시의성**을 갖추어 제출되어야 하며, 제출 누락이나 오류가 발생할 경우 상장 일정에

지장을 초래할 수 있다. 따라서, 상장 주관사 및 기업 내 실무 담당자는 각 서류의 요건과 작성 기준을 사전에 철저히 숙지하고 준비해야 한다.

3. 일반·벤처기업의 코스닥시장 상장요건

코스닥시장은 성장 가능성이 높은 중소·벤처기업의 자본 조달을 지원하기 위한 시장으로, 일반기업 및 벤처기업의 상장을 위한 대표적인 경로로 기능하고 있다. 상장 심사 시 적용되는 요건은 크게 **형식적 요건**과 **질적 요건**으로 구분되며, 기업의 재무적 기반뿐만 아니라 지속가능성, 투명성, 공익성 등의 요소가 종합적으로 평가된다.

1) 형식적 요건

형식적 요건은 상장 심사의 기초 요건으로, 주로 재무성과, 자본금, 주식 분산 요건 등을 포함한다. 세부 항목으로는 다음이 포함된다.

- **자본금 요건**: 일정 규모 이상의 자본금 보유 여부

- **재무 요건**: 최근 사업연도 매출액, 영업이익, 순이익 등의 수치 기준 충족

- **주식분산 요건**: 일반 투자자에게 일정 수준 이상 주식이 분산되어 있어야 함

- **감사 의견**: 외부 감사인의 적정 감사 의견 확보 여부

- **기타 법령상 등록 요건**: 관련 법률 및 규정에서 정한 기타 요건 충족

구분	상장요건
기업규모	일반/벤처기업 대상 규모여건 없음
주식의 분산요건	•다음 요건 중 택일 ① 신청일 현재 소액주주 500명 이상, 소액주주 25%이상 & 신청 후 공모 5%(10억원) 이상 (소액주주 25%미만 시, 공모 10% 이상) ② 소액주주 500명 이상(상장신청일 기준) & 공모 10%이상 & 공모주식수 일정주식수 이상 (자기자본 500~1,000억 - 100만주, 자기자본 1,000~2,500억 - 200만주, 자기자본 2,500억 이상 - 500만주) ③ 소액주주 500명 이상 (상장신청일 기준) & 공모 25% 이상 ④ 신청일 현재 소액주주 500명 & 모집 소액주주지분 25% (또는 10% 이상 & 공모주식수 일정 수 이상 - ②와 기준 동일)

경영성과 요건	<수익성+매출액 기준(이익실현기업)> 다음 요건 중 택일 ① 계속사업이익 20억원(10억) & 시총 90억원 ② 계속사업이익 20억원(10억원) & 자기자본 30억(15억) ③ 계속사업이익이 있을 것 & 시총 200억원 & 매출액 100억원(50억원) ④ 법인세차감전계속사업이익 50억원 <시장평가성장 기준(이익 미실현기업)> 다음 요건 택일 ① 시가총액 500억원 & 매출액 30억원 & 최근2년 평균 매출액증가율 20% ② 시가총액 300억원 & 매출액 100억원 이상(50억원) ③ 시가총액 500억원 & 공모 후 자기자본 대비 시가총액 200% ④ 시가총액 1,000억원 ⑤ 자기자본 250억원 ( )는 벤처기업 기준
감사의견	최근 사업연도 적정
상근감사	최근 사업연도말 자산총액이 1천억 이상 법인의 경우 상근감사 요건 충족
사외이사	상법 제542조의 8에서 정하는 사외이사 요건 충족 - 사외이사수가 총 이사수의 1/4 이상 - 일반은 자산규모에 관계없이 선임, 자산총액 1천억 미만인 벤처기업의 경우 예외 적용
의무보유	상장 후 6개월간 최대주주 등의 지분매각 제한
기타 외형 요건	부도·소송사유 해소 및 주식양도제한 없을 것
액면가액	1주당 액면가액: 100원, 200원, 500원, 1,000원, 2,500원, 5,000원 중 택일

2-2 코스닥시장(일반/벤처기업) 상장요건 중 형식적 요건

2) 질적 요건

질적 요건은 단순 수치로 평가하기 어려운 기업의 내재 역량, 지배구조의 건전성, 투자자 보호 체계 등을 종합적으로 검토하는 항목으로 다음과 같은 세부 요소로 구성된다.

(1) 기업의 계속성

기업의 영속적인 경영이 가능한지를 판단하는 항목으로, 다음 요소들이 심사 대상이다.

- **영업의 지속가능성**: 주요 영업활동의 안정성 및 독립성 여부
- **재무 안정성**: 자본구조, 유동성, 우발채무 및 재무 리스크 존재 여부
- **기술력 및 성장성**: 독자적 기술, 성장 가능성, 산업 내 경쟁력 확보 여부
- **경영환경 분석**: 산업 및 경제 전반의 변화에 대한 대응능력

심사항목	중점 심사사항
영업상황	• 산업의 성장주기, 시장규모, 경쟁상황 및 진입장벽 등 산업 성장성 및 변화 추이 • 산업의 국내·외 규제환경 및 정부 정책 영향 • 과거 매출액 및 이익의 변동요인, 향후 매출액 및 이익 확대 가능성 • 주된 매출처와의 거래 지속 가능성 및 신규 매출처 확보 가능성 • 매출채권 및 재고자산 규모와 관리체계의 적정성
재무상황	• 동종 업계 및 경쟁기업과 비교한 재무안정성 수준 • 영업활동으로 인한 현금흐름 규모 및 추이를 감안한 유동성 현황 • 우발채무로 인한 재무상황의 악화가능성
기술력	• 지적재산권, 기술력의 수준, 기술의 완성도 및 경쟁 우위도 등 기술력 수준 • 보유 또는 개발 중인 기술의 상용화 경쟁력
성장성	• 기업 성장전략 및 성장을 위한 사업계획의 합리성 여부 • 주력제품의 경쟁력 강화, 신규사업 진출 등을 통한 사업의 확장 가능성 • 공모자금 사용의 합리성 및 공모자금 유입에 따른 성장가능성
기타 경영환경	• 특허, 경영권 등과 관련한 소송 또는 분쟁이 발생한 경우 기업 경영에 미치는 영향 • 경영진 경험수준 등 전문성, 경영진의 자본참여도 등이 기업의 성장에 미치는 영향

2-3 기업의 계속성 심사사항

(2) 경영의 투명성 및 안정성

기업의 내부통제 시스템과 지배구조의 건전성, 경영권의 안정성 등을 중심으로 다음 항목이 중점적으로 검토된다.

- **기업지배구조**: 이사회의 독립성, 경영진 구성의 적정성
- **내부통제제도**: 회계 및 리스크 관리 체계의 존재 여부
- **공시 체계**: 정보공개 역량 및 공시의 정확성·신속성 확보 여부
- **이해관계자와의 거래**: 특수관계자와의 거래 투명성
- **상장 전 비정상 거래 여부**: 상장 전 주식의 집중 매매 등 이상 징후 여부

심사항목	중점 심사사항
기업지배구조	• 독립적인 기업지배구조 구축을 통한 주요 의사결정의 독자적 수행 여부 • 경영진의 불법행위가 있는 경우 기업경영에 미치는 영향 • 상장 신청일의 이익에 반하는 최대주주 또는 경영진의 중대한 도덕적 흠결 존재 여부
내부통제제도	• 이사회운영규정 등 내부통제제도의 구축 및 운영 수준 • 회계감사 및 세무조사 결과 등을 통해 확인된 중대한 오류 및 특이사항 여부 • 상장신청인이 지주회사인 경우 임원 선임, 경영성과 보고체계, 경영계약 체결 등 자회사 관리 시스템 구축·운영의 적정성 • 신뢰성 있는 회계정보를 산출하기 위한 인력, 회계규정 등 내부통제 절차 및 회계시스템 구축·운영 여부

공시체제	• 관련 법규에 제반 공시의무(공시체재 심사와 관련하여 최대주주가 명목회사인 경우에는 그 명목회사의 경영상 주요사항에 대한 공시의무를 포함한다) 수행을 위한 인력 및 조직 구축 여부 • 미공개 중요정보 이용 방지를 위한 공시체제 구축 여부
이해관계자 거래	• 이해관계자와의 거래 배경, 조건, 절차 등의 관련 법령 준수 여부 • 제3자와의 거래와 비교한 이해관계자 거래 조건의 타당성
상장전 주식거래	• 상장전 주식거래의 필요성, 절차의 적법성, 거래가격의 적정성 등을 고려한 주주이익의 침해 가능성 • 미공개정보를 이용한 주식거래 여부
경영안정성	• 최대주주등(최대주주등이 명목회사인 경우 명목회사의 실질적인 지배주주를 포함한다)의 안정적 지분 보유 여부 • 기술성장기업의 경우 수익실현 시점까지 경영의 안정적 유지 여부 • 경영권 분쟁이 있는 경우 기업경영에 미치는 영향 • 최대주주가 변경된 경우 경영권 변동, 사업구조의 변화 등으로 인한 기업경영의 연속성 유지 여부 • 구주매출이 있는 경우 상장신청인의 자금조달수요 및 안정적 경영권 유지 여부 등을 감안한 구주매출의 적정성

2-4 경영의 투명성 및 안정성 심사사항

(3) 투자자 보호

코스닥시장 상장이 공익을 저해하거나 투자자 권익을 훼손하지 않아야 하며, 특히 다음과 같은 기준을 고려하여 판단된다.

● **사업의 사회적 수용성**: 업종이 선량한 풍속 및 사회질서에

반하지 않아야 함

● **유동성 확보 가능성**: 상장 후 원활한 주식거래가 가능할 것으로 기대되는 구조

● **기타 투자자 보호 장치**: 공정한 거래 및 투자자 권익 보호를 위한 제도 마련 여부

심사항목	중점 심사사항
공익 실현 및 투자자 보호	• 상장예비심사 신청서 및 첨부서류의 내용 중 허위의 기재 또는 표시, 중요한 사항의 기재 또는 표시 누락 여부 • 최대주주 또는 경영진이 상장법인 경영권을 매각 또는 인수한 사실이 있는 경우 등 과정에서의 시장건전성 저해 여부 • 상장신청인이 물적분할로 설립된 경우에는 상장신청인의 모회사(「상법」 제342조의2제1항에 따른 모회사를 말한다) 주주 의견수렴, 주주와의 소통 등 주주 보호노력을 충실히 이행한 것으로 인정되는지 여부 • 그 밖에 공익 실현과 투자자 보호를 저해할 가능성

2-5 투자자 보호 관련 심사 사항

코스닥시장 상장 심사는 단순한 수익성이나 규모 중심의 판단을 넘어 기업의 지속가능성과 시장 신뢰 확보 여부에 중점을 두고 있으며, 특히 **투명한 지배구조와 건전한 경영 기반**이 중요한 심사 요소로 작용한다. 따라서 상장을 준비하는 기업은 정량적 요건 충족뿐 아니라, 기업 운영 전반에 걸쳐 질적 수준을 향상시키는 노력이

병행되어야 한다.

4. 기술성장기업 특례상장 개요

2024년 개정된 코스닥시장 상장 규정에 따라, 기존의 '기술성장기업' 상장 트랙이 보다 세분화되어 **혁신기술기업**과 **사업모델기업**으로 구분되었다. 이들은 모두 기술성장기업으로 통칭되며, 일반 상장요건 대비 완화된 요건을 적용받는다.

기술성장기업으로 인정받을 경우, **자기자본 10억 원 이상 또는 시가총액 90억 원 이상**이라는 비교적 간소한 외형 요건만으로도 상장예비심사 청구가 가능하다. 이는 기술력과 성장 가능성에 기반한 자본시장 진입을 지원하기 위한 제도적 장치로, 벤처 및 혁신기업의 자금조달을 촉진하고 있다.

1) 형식적 요건
기술성장기업 특례상장에서 요구하는 형식적 요건은 다음과 같다.
- **자기자본 요건**: 10억 원 이상
- **시가총액 요건**: 90억 원 이상

- **감사 의견**: 최근 2개 사업연도 감사 의견이 '적정'일 것
- **주식 분산 요건**: 일반 상장기업과 동일하게 적용
- **기업 형태**: 「상법」상 주식회사로서, 실질적 영업활동이 확인되어야 함

구분	상장요건
기업규모	자기자본 10억원 이상 또는 시가총액 90억원 이상
주식의 분산요건	• 다음 요건 중 택일 ① 신청일 현재 소액주주 500명 이상, 소액주주 25%이상 & 신청 후 공모 5%(10억원) 이상 (소액주주 25%미만 시, 공모 10% 이상) ② 소액주주 500명 이상(상장신청일 기준) & 공모 10%이상 & 공모주식수 일정 주식수 이상 (자기자본 500~1,000억 - 100만주, 자기자본 1,000~2,500억 - 200만주, 자기자본 2,500억 이상 - 500만주) ③ 소액주주 500명 이상(상장신청일 기준) & 공모 25% 이상 ④ 신청일 현재 소액주주 500명 & 모집 소액주주지분 25% (또는 10% 이상 & 공모주식수 일정 수 이상 - ②와 기준 동일)
경영성과요건	<공통요건> 다음 요건 중 택일 ① 자기자본 10억원 ② 시가총액 90억원 <기술평가 특례> • 전문평가기관의 기술 등에 대한 평가를 받고 평가 결과 A등급 이상일 것 • 상장주선인이 성장성을 평가하여 추천한 중소기업일 것

감사의견	최근 사업연도 적정
상근감사	최근 사업연도말 자산총액이 1천억 이상 법인의 경우 상근감사 요건 충족
사외이사	상법 제542조의 8에서 정하는 사외이사 요건 충족 - 사외이사 수가 총 이사수의 1/4 이상 - 일반은 자산규모에 관계없이 선임, 자산총액 1천억 미만인 벤처기업의 경우 제외 적용
의무보유	상장 후 1년간 최대주주 등의 지분매각 제한
기타 외형요건	부도·소송사유 해소 및 주식양도제한 없을 것
액면가액	액면가액

2-6 코스닥시장 기술특례 상장의 형식적 요건

2) 질적 심사 요건

질적 심사는 일반기업과 동일한 기준이 적용되나, **기술성**과 **성장성**을 중점적으로 평가하는 점이 특징이다.

심사항목	중점 심사사항
영업상황	• 산업의 성장주기, 시장규모, 경쟁상황 및 진입장벽 등 산업 성장성 및 변화 추이 • 기존 시장 진입·확장가능성 및 신규시장 창출 가능성 • 매출처와의 거래 지속 가능성 또는 신규 매출처 확보 가능성 • 산업의 국내·외 규제환경 및 정부 정책 영향 • 경영진의 지식, 경험 등 내부역량이 영업의 지속성 및 향후 성장에 미치는 영향

기술성·사업성	**【기술기반기업】** • 기술개발 단계, 자립도, 모방의 난이도 등 기술의 완성도 • 기술의 차별성, 연구개발의 수준과 투자규모 및 적정성, 지적재산권 보유현황 등 경쟁우위도 • 기술인력의 전문성, 기술경영 관리능력 등 기술인력의 수준 • 기술의 상용화 경쟁력 보유 여부
	【사업모델기업】 • 사업모델의 사업화 정도, 매출실현 가능성 등 완성도 • 사업모델의 차별성, 시장내 지위 등 경쟁우위도 • 사업에 필수적인 인적·물적자원 확보 여부
성장성	• 기업의 성장을 위한 인력 및 설비 투자계획, 지적재산권 확보 등 사업계획의 합리성 여부 • 공모자금 사용의 합리성 및 공모자금 유입에 따른 성장가능성 • 상장 후 일정기간 이내 매출, 영업이익 등 수익실현 가능 여부
기타 경영환경	• 특허, 경영권 등과 고나련한 소송 또는 분쟁이 발생한 경우 기업경영에 미치는 영향 • 영업 관련 주요계약의 조건 등에 따른 우발채무가 경영에 미치는 영향

2-7 질적심사요건

(1) 기업의 계속성

● **기술력 및 성장 가능성**을 중심으로 평가

● 핵심기술의 경쟁우위, 산업 내 차별화된 비즈니스 모델의 존재 여부

- 기술평가기관의 평가 결과(예: AA등급 이상 시 일부 질적 항목 면제)

(2) 경영 투명성 및 안정성
- 기업지배구조, 경영진의 독립성 및 전문성
- 내부통제 시스템의 구축 여부 및 운영 실효성
- 특수관계인 거래의 적정성 및 공시 체계의 투명성

(3) 투자자 보호
- 업종의 공공성, 사회적 수용 가능성
- 상장 후 유동성 확보 가능성
- 시장 신뢰에 대한 부정적 영향 여부 등

※ 한국거래소는 필요시 일반 상장요건과 기술성장기업 요건을 **병행 적용**할 수 있으며, **기술 등급 AA 이상**을 받은 기업에 대해서는 기술성 및 사업성 관련 항목을 **면제**할 수 있다.

3) 상장 이후 규제 완화
기술성장기업에 대해서는 상장 이후 일정 기간 동안 일부 퇴출 요건 적용이 **완화 또는 유예**된다. 대표적으로 다음과 같은 요건들이 적용 유예 대상이다.

- **매출액 요건**: 분기 3억 원, 반기 7억 원, 연간 30억 원 미만
- **계속사업손실 요건**: 법인세차감전계속사업손실이 자기자본의 50% 초과 시

※ 유사 제도: 이익미실현기업 특례

이익미실현기업 특례상장은 기술성장기업과 구별되는 제도로, **수익성·매출액 요건을 충족하지 못하나 시장평가·성장성 요건을 만족**하는 경우 상장이 가능하다. 단, 이익미실현기업은 기술성장기업 특례 적용 대상에서 **제외된다.**

4) 상장 심사 기준

(1) 수익성·매출액 요건 (택1 충족 시 인정)

- 최근 사업연도 법인세차감전계속사업이익 50억 원 이상
- 이익 20억 원 이상(벤처는 10억 이상) + 시가총액 90억 원 이상
- 이익 20억 원 이상(벤처 10억 이상) + 자기자본 30억 원 이상(벤처 15억 이상)

● 이익이 있고, 시가총액 200억 원 이상 + 매출 100억 원 이상(벤처 50억 이상)

(2) 시장평가·성장성 요건 (택1 충족 시 인정)

● 시가총액 1,000억 원 이상

● 시가총액 500억 원 이상 + 공모 후 자기자본 대비 시총 200% 이상

● 시가총액 500억 원 이상 + 최근 매출 30억 이상 + 2년간 매출 증가율 연평균 20% 이상

● 시가총액 300억 원 이상 + 매출 100억 원 이상(벤처는 50억 이상)

● 자기자본 250억 원 이상

● 코넥스 상장법인 중 시총 750억 원 이상 + 최근 1년 일평균 거래대금 1억 원 이상 + 소액주주 보통주 및 전체 주식의 각 20% 이상

기술성장기업 특례상장은 **기술력과 사업 아이디어만으로 상장을 가능케 하는 유연한 제도**로서, 스타트업 및 기술기업의 자본시장 진입 장벽을 낮추는 데 핵심 역할을 하고 있다. 다만, 형식 요건 완화에도 불구하고 **투자자 보호와 시장 신뢰를 유지하기 위한 질적 심사**는 엄격히 적용되고 있으므로, 상장을 준비하는 기업은 이에 대한 철저한 대비가 요구된다.

5) 기술성장기업 특례상장의 산업 다변화 동향

기술성장기업 특례상장은 제도 도입 초기에는 바이오 의약품 기업 중심으로 활용되었으나, **2021년 이후부터는 소재·부품·장비(소부장) 기업 등 비(非)바이오 기업의 상장 비중이 바이오 기업을 초과**하며 산업 분야의 본격적인 다변화가 진행되고 있다.

바이오 분야 역시 기존의 치료제 및 백신 개발에 국한되지 않고, **유전자·세포치료제 등 첨단 바이오 의약품** 영역으로 확장되고 있다. 이에 따라 연구개발(R&D)뿐만 아니라 **생산, 품질관리, 공급망 운영 등 바이오산업 전반에 걸친 소부장 기업들의 기술성과 사업성이 주목**받으며, 이들 역시 기술성장기업 상장 트랙을 통해 코스닥시장에 활발히 진입하고 있다.

실제 기술성장기업으로 상장한 다양한 산업군의 기업들을 살펴보면, 이들 대부분은 단순한 성장 가능성을 넘어 **'게임체인저(Game Changer)'로서의 시장 지배력 확보 전략**과 **시장 패러다임 전환에 대한 명확한 비전**을 제시해 왔다는 공통점이 있다. 또한 기업이 보유한 **기술 및 제품의 희소성과 차별성, 글로벌 및 산업 내 네트워크 기반**, 그리고 **사업모델의 혁신성**은 심사기관 및 투자자들로부터 높은 평가를 받는 핵심 요소로 작용하고 있다.

이처럼 기술성장기업 특례상장은 바이오를 넘어 다양한 산업의 유망 기술기업들이 **성장 자본을 조달하고 시장 신뢰를 확보하는 전략적 상장 경로**로 자리 잡고 있으며, 앞으로도 산업의 다양성과 기술의 융합 흐름을 반영한 상장 사례는 지속적으로 확대될 것으로 전망된다.

(1) 기술상장기업 전문평가 평가 항목 및 등급 체계

기술성장기업 특례상장을 위한 전문평가에서는 '기술성'과 '시장성'을 중심으로 평가가 이루어진다. 이는 기업이 보유한 기술의 내재적 가치와 이를 바탕으로 한 사업화 가능성을 종합적으로 검토하기 위한 것으로, **상장 심사에서 핵심적인 판단 기준**으로 작용한다. 본격적인 평가에 앞서 각 항목별 평가 기준을 기반으로 **자체 진단을 수행하는 것이 평가 대응 전략 수립에 유익**하다.

① 평가 항목 체계

대항목	중항목	소항목
기술성	기술의 완성도	- 기술의 진행 정도 - 기술의 신뢰성 - 기술의 자립도

	기술의 경쟁우위도	- 기술의 차별성 - 기술의 모방 난이도 - 기술의 확장성
	기술개발 환경 및 인프라	- 연구개발 활성화 수준 - 경영진의 전문성 - 기술 인력 등 관리 체계
시장성	목표시장의 잠재력	- 시장 규모 및 성장성 - 시장의 특성
	사업화 수준	- 사업모델 수립 수준 - 자본 조달 능력 - 생산·품질관리 역량 - 판매처 확보 수준
	제품/서비스의 경쟁력	- 제품의 우수성 - 시장 점유 수준 - 확장 가능성

② 세부 평가 기준 항목

● **기술의 완성도**: 기술의 개발 단계, 안정성, 상용화 가능성 등을 포함한 5개 세부 항목으로 평가

● **기술의 경쟁우위도**: 경쟁사 대비 기술적 차별성, 모방 가능성, 기술 확장성 등 총 8개 항목을 기준으로 평가

● **기술 인력 수준**: 인력 구성, 조직 역량, 전문성 및 관리 체계 등 9개 항목으로 구성

- **기술 제품의 사업화 수준**: 사업모델 구체성, 자금조달 역량, 품질 및 생산관리 체계 등 6개 항목을 통해 판단
- **시장성**: 시장 규모, 성장성, 경쟁환경 등을 종합한 7개 평가 항목 기반 분석

③ 전문평가 등급 체계

평가 등급	정의
AAA	동종업계 대비 기술력이 매우 우수하며, 기술환경 변화에 영향 없이 미래 성장 가능성이 확실한 수준
AA	기술력이 우수하고 기술환경 변화에 큰 영향을 받지 않으며, 미래 성장 가능성이 매우 높은 수준
A	기술력이 높고 제한적인 환경 변화의 영향만을 받으며, 미래 성장 가능성이 높은 수준
BBB	기술력이 다소 우수하고 기술환경 변화에 일정 부분 영향을 받는 수준으로, 성장 가능성이 양호함
BB	업계 평균 수준의 기술력을 보유하며, 환경 변화에 다소 영향을 받을 수 있는 구조. 성장 가능성은 보통 이하
B	기술력은 업계 평균이나 환경 변화에 취약해 미래 성장 가능성은 낮은 수준

CCC	기술력이 열위에 있으며 기술환경 변화에 대한 대응이 어려워 성장 가능성이 낮은 수준
CC	기술력이 현저히 낮고 환경 변화에 매우 취약해 미래 성장 가능성이 매우 낮은 수준
C	기술 수준이 매우 낮고 환경 변화에 적응이 불가능에 가까운 상태
D	기술력이 부재하며 환경 변화에 대응 불가능한 상태로 미래 성장 가능성이 없음

전문평가기관은 평가 결과를 **AAA~D까지 총 10등급**으로 구분하며, 각 등급은 기술력 및 미래 성장 가능성에 대한 상대적 평가를 반영한다.

결론적으로, 전문평가는 단순한 기술 유무 이상의 심층 평가를 통해 기업의 기술 경쟁력과 시장 진입 가능성을 다면적으로 검증하는 과정이다. 특히 상장을 준비하는 기업 입장에서는 각 평가 항목별 사전 준비와 구조화된 사업계획 수립이 **등급 향상과 상장 가능성 제고에 결정적인 역할**을 한다.

5. 기술성장기업 특례상장 중 혁신기술기업

혁신기술기업 상장 특례제도는 기술력과 성장성을 갖춘 기업에게 수익성 여부와 관계없이 자본시장에서의 자금조달 기회를 부여하기 위해 2005년 도입된 대표적인 코스닥 특례상장 제도이다. 특히, 보유 기술이 유망하다고 인정될 경우 **적자 기업도 상장이 가능**하며, 이는 기술 기반 혁신기업의 성장 발판 마련을 위한 제도적 기반이라 할 수 있다.

1) 기술평가 기준 요건

혁신기술기업으로 상장을 추진하는 경우, 다음과 같은 **기술평가 등급 요건**을 충족해야 한다.

● **국내 중소기업의 경우**

2개의 전문평가기관에서 받은 평가 등급 중 **높은 등급이 A 이상**, 낮은 등급이 **BBB 이상**이어야 함

● **국내에 소재한 외국지주회사인 경우**

2개 평가기관 모두에서 **A등급 이상**을 획득해야 함

다만, **아래와 같은 경우에는 1개 전문평가기관에서 A등급 이상**을 받는 것만으로도 기술평가 요건이 충족된다. 이는 일부 우수기업에 대한 상장 장벽을 낮추기 위한 완화 규정이다.

완화 요건 항목	내용
①	시가총액 5,000억 원 이상 기업
②	「소재·부품·장비 산업 경쟁력 강화 특별조치법」에 따른 소·부·장 전문기업
③	코넥스 상장 후 1년 경과 + 지정 자문인 추천 6개월 이상
④	「국가전략기술육성 특별법」 또는 「국가첨단전략산업 특별법」에 따른 국가전략·첨단기술 보유 기업 ※ 단, 기준 시총 1,000억 원 이상 및 최근 5년간 벤처금융 투자 100억 원 이상 필요

해당 요건 중 **②는 '소·부·장 특례'**, ****④는 '초격차 기술특례'****로 구분되며, 특히 초격차 기술특례는 **2024년부터 신규 도입**된 제도이다. 이는 국가 전략기술 분야의 선도기업에 대해 보다 유연한 상장 기회를 제공하고자 마련된 것이다.

2) 기타 유의 사항

● **기술성장기업은 상장예비심사 신청 시, 코스닥시장 상장 규정 시행세칙에 따라 상장 심사 수수료가 면제**된다.

● 단, **기술평가 절차에는 평균 1개월 이상이 추가 소요**되므로 상장 일정 계획 시 이를 고려해야 한다.

3) 투자자 보호 장치: 환매청구권(Put-back Option)

2024년 개정된 코스닥시장 상장 규정에 따라, 일정 요건을 충족하는 **혁신기술기업에도 환매청구권이 부여**될 수 있다. 이는 상장 이후 주가 급락 등으로부터 일반 투자자를 보호하기 위한 조치로, 다음의 조건을 만족하는 경우 해당된다.

조건

예비심사 신청일 기준 최근 3년 이내, 해당 상장주선인이 주관한 다른 기술성장기업(혁신기술기업, 사업모델기업 포함) 중 **상장 후 2년 이내에 아래 사유가 발생한 경우**

- 투자주의 환기종목 또는 관리종목 지정
- 형식적 상장폐지 사유 발생
- 실질심사에 따른 상장폐지 결정

해당 제도는 상장주선인의 책임을 강화하고, 투자자 보호 기능을 제고하기 위한 장치로서, **주관사와 발행회사 간의 내부통제 및 상장 심사 품질**의 중요성을 높이고 있다.

혁신기술기업 특례상장은 기술 기반의 기업에게 상장 기회를 확대함과 동시에 시장 신뢰도 제고 및 투자자 보호를 위한 제도적 장치를 병행하고 있는 제도이며, 특히 최근 개정 사항을 중심으로 보다

정교한 요건과 보호 메커니즘이 마련되고 있다.

6. 기술성장기업 특례상장: 사업모델기업

사업모델기업 특례상장 제도는 독창적이고 지식기반의 사업모델을 보유한 기업이 자본시장에 보다 원활하게 진입할 수 있도록 지원하기 위한 제도로, **상장주선인이 해당 기업의 사업모델 경쟁력 및 성장성을 평가하여 한국거래소에 추천하는 방식**으로 운영된다. 이 제도는 기존의 기술 중심 평가 위주 특례상장 제도의 한계를 보완하고, 특히 **바이오 기업에 편중된 산업 구성을 다변화**하기 위해 2017년 도입되었으며, 2024년부터 제도적 보완이 이루어졌다.

1) 제도 개요

사업모델기업은 다음의 요건을 충족하는 경우에 한해 상장 특례를 적용받을 수 있다.

● **상장주선인의 추천**: 상장주선인은 해당 기업의 독창적 사업모델이 산업 내에서 경쟁력이 있으며, 중장기적인 성장 가능성이 충분하다는 판단하에 이를 **평가 보고서 형태로 거래소에 제출**해야

한다.

- **기업 요건**: 추천 대상 기업은 반드시 **중소기업**이거나, **최근 2개 연도 매출 증가율 평균이 20% 이상인 국내 기업**이어야 한다.

이러한 조건을 충족한 기업은 **기술성장기업으로 분류되어 일반기업에 비해 완화된 상장요건으로 심사**를 받을 수 있다. 전문평가기관의 기술평가 절차를 생략할 수 있다는 점에서 **혁신기술기업 특례와는 구별되는 경로**라 할 수 있다.

2) 투자자 보호 장치: 환매청구권

사업모델기업 특례는 자본시장 진입 장벽을 낮추는 동시에, **일반 투자자를 보호하기 위한 환매청구권(Put-back Option)** 제도를 의무적으로 부여하고 있다.

- **적용 대상**: 공모 일반 투자자
- **행사 요건**: 상장 후 6개월 이내에 일정 주가 조건 등 요건을 충족하는 경우
- **환매 조건**: 해당 기업의 **상장주관사는 공모가의 90% 수준**으로 일반 투자자로부터 주식을 매입해야 할 의무가 있다.

이 제도는 **상장 초기의 불확실성을 일정 부분 완충하는 보호 장치**로서 기능하며, 동시에 **상장주관사의 기업 실사 책임을 강화**하는

효과도 있다.

3) 제도적 의의

사업모델기업 특례는 기술적 완성도보다는 **비즈니스 모델의 혁신성과 시장 확장성**을 중심으로 상장요건을 평가함으로써, 기존 기술특례제도의 **전문평가기관 중심 구조에서 벗어난 대안적 상장 경로**로 주목받고 있다. 특히 **디지털 플랫폼, 신산업 서비스 분야의 스타트업 및 중소기업**에 실질적인 상장 기회를 제공한다는 점에서 **산업 생태계의 다양성과 역동성을 확대하는 역할**을 수행하고 있다. 사업모델기업 특례상장은 기술 외적 요소인 **창의적 비즈니스 모델과 시장 가능성에 기반한 상장 트랙**으로, 기업의 성장 가능성과 투자자 보호를 균형 있게 고려한 제도라는 점에서, **자본시장 접근성 확대와 건전한 상장 활성화에 기여**하고 있다.

7. SPAC 합병상장 제도

SPAC(Special Purpose Acquisition Company, 기업인수목적회사)은 비상장법인과의 합병을 유일한 사업목적으로 하여 설립된 특수목적법인으로, 공모를 통해 조달한 자금의 90% 이상을 증권금융회사 등에 예치하거나 신탁 형태로 보관한다. 이 자금은 원칙적으로 합병 전까지 인출하거나 담보로 제공할 수 없으며, SPAC은 설립일로부터 **3년 이내에 비상장법인과의 합병을 완료**해야 한다. 합병이 성사되지 않을 경우 해산 절차를 거치게 된다.

비상장법인은 SPAC과의 **역합병 방식**을 통해 상장함으로써 일반적인 IPO 절차 없이 자본시장에 진입할 수 있으며, 이 과정에서 SPAC이 보유한 현금 자산을 이전받아 자금조달도 가능해진다. 이러한 구조로 인해 SPAC 합병상장에는 통상적인 **수요예측 및 일반공모 절차**가 생략된다.

1) SPAC 상장 및 심사 기준

SPAC 자체의 상장 심사는 사업구조의 특수성을 고려하여 **외형 요건 중심의 심사**가 진행된다. SPAC은 현금성 자산 외의 실질 자산이 없기 때문에 질적 심사는 제한적으로 적용되며, 주요 평가 요소는 경영진의 전문성, 합병 수행 역량, 기업지배구조 및 투자자 보호 체계 등이다.

한편, SPAC이 비상장법인과 합병할 경우 원칙적으로 **SPAC 존속·비상장법인 소멸**의 형태로 진행되었으나, 이로 인해 피합병법인의 업력 단절 등 경영상 불편이 다수 발생하였다. 이에 따라

2021년 8월 **상장 규정이 개정되어 SPAC 소멸 방식의 합병상장도 허용**되었다. 이로써 비상장법인의 법인격과 업력이 유지되면서도 상장 효과를 누릴 수 있는 경로가 마련되었다.

2) 상장요건 및 합병가액 산정

SPAC 합병상장 역시 일반 상장과 동일한 형식적·질적 심사 요건을 충족해야 하며, 다만 **지분 분산 요건 및 시가총액 요건은 면제**된다. 이는 SPAC이 이미 상장법인으로 존재하며 해당 요건을 충족한 상태에서 합병이 진행되기 때문이다.

다음 중 하나에 해당하는 경우에는 질적 심사 중 '계속성 요건'의 적용이 면제될 수 있다.

- 성장성이 우수한 신산업 영위 기업
- 기술 기반 혁신기업
- 공공성 또는 사회적 기여도가 높은 기업 등

단, 거래소가 **현저한 영업 악화 등 위험 요소가 존재한다고 판단하는 경우**, 면제가 제한될 수 있다.

합병가액 요건도 명확히 규정되어 있으며, 합병 대상 법인의 **합병가액 또는 직전 사업연도 말 자산 총액**이 예치된 공모자금의 **80% 이상**이어야 한다. 복수 기업이 합병 대상인 경우, 각 법인의 금액을 합산하여 기준을 충족해야 한다. 합병가액의 산정은 자본시장법 시행령에 따라 **자산가치와 수익가치를 가중 평균**하여 계산하며, 일정 요건 충족 시에는 비상장법인과 SPAC 간 **협의에 따라 자율적으로 합병가액을 설정**할 수 있다. 이 경우 금융위원회가 고시한 기준을 모두 충족해야 한다.

3) 투자자 보호 및 감독 당국의 우려

최근 SPAC 합병상장의 활성화와 함께 **합병 대상 기업의 실적 전망이 과도하게 낙관적으로 제시되는 사례**가 증가함에 따라, 금융감독원은 SPAC의 스폰서(증권사 등) 및 외부평가기관(회계법인)의 책임 있는 역할 수행을 강도 높게 주문하고 있다.

특히, 회계법인이 기업 가치 평가 업무 수임을 목적으로 **합병 대상 기업의 가치를 과대평가**할 경우, SPAC 투자자에게 **불리한 합병비율이 적용되어 손해가 발생할 수 있다는 점**을 지적하고 있다. 이와 관련해 금융당국은 **실적 추정에 대한 신뢰도 제고 및 평가 보고서에 대한 검증 강화 등 제도적 개선책**을 순차적으로 마련하고 있다.

SPAC 합병상장은 **상장 절차 간소화와 자금조달의 효율성**이라는 장점에도 불구하고, **기업 가치 산정 및 실적 추정의 투명성 확보가**

핵심 과제로 부각되고 있다. 향후 제도 운영에 있어 투자자 보호와 시장 신뢰 제고를 위한 다층적 장치의 마련이 필수적이며, **스폰서 및 외부평가기관의 윤리적 책무 강화**가 병행되어야 할 것이다.

8. 공모가격 산정 및 기업 가치 평가

공모가격 산정의 핵심은 **적정 기업 가치의 평가**에 있으며, 이를 위해 다양한 Valuation Tool이 활용된다. 공모가 산정 과정은 투자자 보호와 시장 신뢰 확보 차원에서 매우 중요한 절차로, 일반적으로 다음과 같은 비교가치평가 방법(Comparable Valuation Methods)이 활용된다.

1) 주요 Valuation 방법

실무적으로 가장 보편적으로 활용되는 방법은 PER(Price to Earnings Ratio) 기반 Valuation과 EV/EBITDA(Enterprise Value to EBITDA) 기반 Valuation이다.

(1) PER 기반 Valuation

PER 방식을 활용할 경우, 평가 대상 기업과 **사업구조 및 매출 구성 유사성**이 높은 상장기업(Peer Group)을 선별한 후, 이들의 PER 지표를 가중평균하여 대상 기업의 적정 PER를 산출한다.

예를 들어, 평가 대상이 오프라인 매출 비중 70%, 온라인 매출 비중 30%인 유통기업일 경우, 각 매출 채널에 대응되는 유사 상장기업을 선정하여 다음과 같이 적용한다.

적정 PER = (0.3 × 온라인 Peer PER) + (0.7 × 오프라인 Peer PER)

이때, 업계 평균에서 현저히 벗어나는 PER(Outlier)는 제외하며, 비교기업 수가 많은 경우 전체 Peer의 PER 평균을 활용한다. 이를 통해 산출된 적용 PER를 기준으로 대상 기업의 예상 순이익과 곱하여 적정 시가총액을 추정하고, 이를 주식 수로 나누어 공모가격을 결정한다.

공모가격 산정 방법 요약표

구분	적용 방식	주로 적용되는 산업	특징 및 유의 사항
PER	적정 PER × 예상 순이익	소비재, 플랫폼, 유통 등	유사 기업 선정이 핵심. Outlier 제거 필요
EV/EBITDA	EV/EBITDA 배수 × EBITDA + 순현금	제조업, 인프라, 장치산업 등	감가상각이 큰 기업에 적합. EV → 시총 환산 필요

PBR	적정 PBR × 순자산 (BPS)	금융, 부동산, 자산 중심	자산가치 중심 평가에 적합
PSR	적정 PSR × 매출액	고성장 초기 스타트업 등	이익 창출 전 기업에 사용. 수익성 고려 어려움
SOTP	각 부문별 가치 합산	복합사업 (그룹사 등)	사업부별 개별 평가 필요

※ PER 기반 공모가 산정 예시

● **대상 기업**: A社 (온라인/오프라인 유통업체)

● **매출 구성**: 온라인 30%, 오프라인 70%

● **유사기업 PER**:

온라인 유통기업: 평균 PER = 25배

오프라인 유통기업: 평균 PER = 15배

① **적용 PER 계산:**

(0.3 × 25) + (0.7 × 15) = 18 PER

② **예상 순이익**: 100억 원

③ **적정 시가총액**: 100억 × 18 = 1,800억 원

④ **공모주식 수**: 1천만 주

공모가 = 1,800억 / 1천만 주 = **18,000원**

(2) EV/EBITDA 기반 Valuation

EV/EBITDA 방식은 **설비투자가 많고 감가상각 등 비현금성 비용 비중이 큰 기업**, 주로 제조업체나 자본 집약적 산업에 적합한 방식이다. Peer Group 선정 방식은 PER와 유사하나, EV(기업가치)와 EBITDA(세전·이자 지급 전 영업이익)를 기준으로 Multiple을 계산한다.

산출 과정은 다음과 같다.

① 유사 기업의 EV/EBITDA 배수를 추출
② 비경상적 항목(일회성 수익/비용 등) 및 Outlier 제거
③ 가중평균 EV/EBITDA 배수를 적용
④ 대상 기업의 EBITDA에 배수를 곱해 EV 산정
⑤ 순현금(현금 - 차입금)을 가감하여 **적정 시가총액 도출**
⑥ 시가총액을 발행주식 수로 나누어 공모가격 산정

※ **EV/EBITDA 기반 공모가 산정 예시**

- **대상 기업**: B社 (설비 제조업체)
- **Peer 평균 EV/EBITDA 배수**: 10배

- **예상 EBITDA**: 150억 원
- **순현금**: +200억 원 (현금 500억 - 차입금 300억)

① **EV 계산**:

10 × 150억 = 1,500억

② **시가총액 = EV + 순현금 =**

1,500억 + 200억 = 1,700억

③ **발행주식 수**: 850만 주

공모가 = 1,700억 / 850만 = **20,000원**

2) 기타 Valuation 방법

그 외에도 다양한 Multiples 기반 방법이 활용된다.

- **PBR (Price to Book Ratio)**: 자산 중심 산업에 적합
- **PSR (Price to Sales Ratio)**: 고성장 초기 기업 등 이익이 불확실한 경우 활용
- **PER-SOTP (Sum-of-the-Parts)**: 복합 사업 영위 기업에 적용, 각 사업 부문의 가치를 합산

이러한 방법들은 기본적으로 **Peer Group 평균치에 대한 분석**, **비경상 항목의 조정**, 그리고 **시장 환경 고려**를 통해 적용된다.

3) Valuation과 시장 변수의 상관관계

기업 가치 평가는 **거시경제 환경**, 특히 **금리 수준 및 시장 유동성**과 밀접한 상관관계를 가진다. 금리가 상승할 경우 할인율이 증가함에 따라 기업 가치가 하락하며, 유동성 축소는 투자자들의 위험 회피 성향을 강화시켜 공모가격에도 하방 압력을 가할 수 있다.

따라서, 공모가격 산정 시 단순한 Valuation 수치 적용을 넘어 **시장 심리 및 수급 요인에 대한 정성적 고려**가 병행되어야 하며, IPO 주관사는 이러한 요소들을 종합적으로 반영하여 **합리적이고 투자자 친화적인 공모가격 제시**가 요구된다.

> 참고

1. 코스닥시장 주권 상장 유형의 구분

코스닥시장 상장 규정은 주권 상장의 상황과 성격에 따라 상장의 유형을 다음과 같이 구분하고 있다. 실무에서 빈번히 접하게 되는 내용이므로 각 상장 유형의 특성을 명확히 이해하고 혼동을 피하는 것이 중요하다.

1) 신규 상장

신규 상장이란 **코스닥시장에 상장된 적이 없는 종목의 주권을 최초로 상장하는 것**을 의미한다. 단, **기업인수목적회사(SPAC)의 합병에 따른 상장은 제외된다.**

▶ 일반적으로 기업이 발행한 주권이 자본시장에 처음으로 상장되는 경우에 해당한다.

2) 우회상장

우회상장은 **합병, 주식의 포괄적 교환, 영업 또는 자산 양수, 현물출자** 등을 통해 **비상장법인의 지분증권이 상장 효과를**

발생시키는 형태로, 코스닥시장 상장 규정이 정한 요건에 해당하는 경우이다.

▶ 일명 Back-door Listing이라 불리며, **신규 상장요건을 충족하기 어려운 비상장법인이 우회적으로 상장하는 수단**으로 활용된다.

▶ 상장법인과 비상장법인 간의 **합병, 주식 교환, 영업 또는 자산 양수 등의 거래로 비상장법인의 경영진 또는 최대 주주가 상장법인의 경영권을 획득하는 경우**가 이에 해당된다.

3) 재상장

재상장은 **상장법인의 분할, 합병 또는 분할합병에 의해 설립된 신설법인이 발행한 주권을 다시 상장하는 경우**를 의미한다.

▶ 주로 **기업회생, 구조조정 과정에서 발생하며**, 인적 분할 후 분할신설회사 주권의 상장이 대표적인 사례이다.

4) 변경상장

변경상장은 **상장된 주권의 종목명, 종류, 액면금액, 수량 등 기본적인 속성에 변동이 있는 경우, 이를 반영하여 상장하는 형태**이다.

▶ 예를 들어 **회사명 변경, 액면분할, 주식 병합, 종류주 전환**

등으로 **인한 주권 정보의 변경**이 발생한 경우가 이에 해당하며, **기존과 동일한 종목의 신규 발행이 아닌 점에서 추가상장과 구분된다.**

5) 추가상장

추가상장은 **기존에 상장된 종목과 동일한 주권을 신규로 발행하여 상장하는 것**으로, 주로 **유상증자, 합병, 전환사채의 주식전환** 등을 통해 발행된 신주가 이에 해당된다.

▶ 상장법인이 **자본 확충, 인수합병 등 기업활동에 따라 신규 발행한 주권을 기존 상장 주권과 동일한 종목으로 상장**하는 형태이다.

6) 합병상장

합병상장은 **기업인수목적회사(SPAC)와 비상장법인이 합병하는 경우**, 합병 결과로 인하여 주권이 코스닥시장에 상장되는 절차를 말한다. 상장 규정상 다음 두 가지 유형이 포함된다.

① **SPAC이 합병 후 존속하는 경우**: SPAC이 **합병법인**으로 남고, 합병으로 새롭게 발행한 주권이 상장됨.

② **비상장법인이 합병 후 존속하는 경우**: 비상장법인이 존속법인으로 SPAC을 흡수하고, 해당 법인의 주권이 상장됨.

▶ 특히, 2021년 상장 규정 개정을 통해 SPAC 소멸 방식의 합병상장이 허용된 이후, **소멸 방식의 활용 사례가 급증**하고 있다.

위와 같이 코스닥시장에서는 상장의 목적, 방식, 대상 기업의 특성에 따라 상장 유형을 세분화하고 있으며, 각각의 요건과 적용 규정을 정확히 이해하는 것이 실무 수행에 필수적이다.

2. 기술특례기업 상장예비심사 지연 해소를 위한 제도 개선 방안

1) 개요

한국거래소는 최근 기술특례상장 신청이 증가함에 따라, 이로 인해 발생한 **상장예비심사 지연 문제를 해소**하기 위한 제도 개선 방안을 2024년 6월 발표하였다. 실제로 기술특례상장 신청 기업의 비중은 2021년 36.4%에서 2024년 4월 기준 47.2%까지 확대되었으며, 이는 **신규 상장 신청 기업 중 기술 기반 기업이 차지하는 비중이 지속적으로 증가하고 있음을 의미**한다.

기술특례 기업의 경우 일반기업에 비해 **기술평가와 사업성 검토 등 심사 절차가 복잡하고 소요 기간도 길어**, 심사 적체 문제가 지속적으로 제기되어 왔다. 이에 따라, 거래소는 **투자자 보호 기능은 유지하면서도 심사 효율성과 전문성을 높일 수 있는 제도적 개선책**을 마련하게 되었다.

2) 주요 개선 내용

(1) 기술심사 전담 조직 전문화

기존의 일원화된 심사 체계를 기술특례기업과 일반기업으로 **이원화**하여 심사의 **전문성과 효율성을 동시에 제고**한다. 기술특례상장기업에 대해서는 '**기술기업상장부**'를 중심으로 산업별 전담 심사팀을 구성하고, 각 산업군의 특성에 맞는 심사 기준 및 심사 기법을 고도화할 예정이다.

- **기술심사1팀**: 바이오 및 제약/의료기기 분야
- **기술심사2팀**: ICT, 플랫폼, 소프트웨어 등 서비스 산업
- **기술심사3팀**: 제조업, 소재·부품·장비 등 하드웨어 산업

이러한 구조는 각 산업에 특화된 평가 역량을 강화하고, **심사 품질의 일관성과 전문성을 제고**하는 데 기여할 것으로 기대된다.

(2) 심사 절차 및 운영 관행 개선

심사 초기 단계에서 **핵심 이슈를 신속히 해소할 수 있는 기업에 대해서는 접수순서와 관계없이 우선 심사**를 진행함으로써 전반적인 심사 기간을 단축한다. 반면, 이슈 해소에 장기 소요가 예상되는 기업은 **최소한의 기간 내 심사를 종결하는 원칙**을 적용하여, 심사 적체를 방지할 계획이다.

또한, **상장주관사와의 사전 협의를 제도적으로 활성화**함으로써 주요 쟁점을 사전 조율한 후 예비심사를 신청하도록 유도할 방침이다. 이를 통해 심사 단계에서의 불확실성을 최소화하고, **기업과 주관사의 자율적인 준비도 제고**될 것으로 예상된다.

(3) 심사조직 및 인력 확충

심사 역량 강화를 위해 **특별심사 태스크포스(T/F)**를 구성하고, 추가 인력을 배치하여 실질적인 **심사 창구 수를 확대**한다. 이를 통해 신청 기업의 증가에 따른 **심사 병목 현상을 해소**하고, 민원 및 시장 혼란 최소화를 목표로 한다.

3) 기대효과 및 향후 추진 방향

(1) 기대효과

● **산업별 심사 전문성 제고**를 통해 심사의 정밀도를 높이고, 기업별 이슈의 특성과 중요도에 따라 심사 기간을 **유연하게 조정**함으로써 **심사 품질과 속도**를 동시에 확보할 수 있을 것으로 기대된다.

● 또한, 주관사가 **심사 전에 자율적으로 이슈를 정비**하도록 유도함으로써 **상장 준비 과정의 효율성과 완성도**가 향상될 수 있다.

(2) 향후 계획

한국거래소는 금번 개선 방안 외에도, **심사 지연 문제의 근본적 해소를 위해 프로세스 전반에 대한 효율화와 제도 개선을 지속 추진**할 예정이다. 기술특례 트랙의 제도 신뢰도와 심사 투명성 확보를 위해, **시장 참여자와의 소통을 강화**하고 **사전 컨설팅 및 가이드라인 제공** 등 지원 기능도 함께 강화할 계획이다.

이번 제도 개선은 기술 기반 기업의 상장 활성화를 뒷받침하면서도 투자자 보호 기능을 저해하지 않도록 설계된 정책으로, 기술특례제도의 지속가능성과 시장 신뢰도 확보에 중요한 계기가 될 것으로 평가된다.

3. 환매청구권(Put-back Option) 제도

환매청구권(Put-back Option)은 기술성장기업 특례상장 중 사업모델기업 및 이익미실현기업(일명 테슬라 요건)에 적용되는 투자자 보호 장치로, 일반 청약자(개인 투자자)에게 공모주식 매입 후 일정 기간 내 주관회사(인수회사)에 해당 주식을 되팔 수 있는 권리를 부여하는 제도이다. 실질적으로는 투자자에게 '주식 환불 옵션'을 제공하는 것으로, 상장 후 일정 수준 이하로 주가가 하락할 경우 **공모가의 90% 가격으로 주식을 되팔 수 있는 권리**를 행사할 수 있다.

이 제도는 상장 직후 주가가 부진할 경우 투자자 손실을 일정 수준(공모가 기준 약 10%)으로 제한함으로써, 고위험군 기업의 IPO에 대한 투자자 진입 장벽을 낮추고 자본시장 접근성을 제고하는 효과를 가진다.

1) 제도 적용 대상 및 예외

● 적용 대상

○ 사업모델기업 특례상장기업

○ 이익미실현기업 특례상장(테슬라 요건) 기업

● 예외 조항

이익미실현기업 특례의 경우, 상장주관사의 과거 실적이 우수하거나 **코넥스 시장에서 일정 요건을 충족하며 이전 상장하는 경우**에는 환매청구권을 부여하지 않을 수 있다.

2) 환매청구권 세부 요건

● **환매청구권 행사 가능 기간**

○ **사업모델기업**: 상장일로부터 **6개월 이내**

○ **이익미실현기업**: 상장일로부터 **3개월 이내**

● **환매 매수 가격**

○ 원칙적으로 **공모가의 90% 이상**

○ 단, 환매청구권 행사 직전의 **주가지수 하락률이 상장일 직전 대비 10%를 초과한 경우**, 아래의 조정 산식에 따라 산출된 **조정가격 이상**이어야 함

3) 조정가격 산식

조정가격 = 공모가격 × 0.9 × [1.1 + (환매청구권 행사일 직전 주가지수 - 상장일 직전 주가지수) ÷ 상장일 직전 주가지수]

※ 이 때 사용되는 주가지수는 한국거래소가 발표하는 **코스피지수, 코스닥지수**, 또는 해당 기업이 속한 **산업별 주가지수** 중 **대표주관사가 사전에 정한 기준지수**를 적용함

4) 제도적 의의

환매청구권 제도는 **고위험 특례상장기업에 대한 투자 리스크를 사전에 일정 수준으로 제한함으로써**, 개인 투자자 보호를 실질적으로 강화하고, 동시에 **상장주관사의 실사 책임 및 기업 검증 의무를 제도적으로 보완**하는 장치로 작용한다. 특히, **시장 신뢰성 제고와 혁신기업에 대한 자본시장 유입 활성화**를 동시에 도모하는 구조로 설계되었다는 점에서, 자본시장 건전성 확보에 있어 중요한 제도로 평가된다.

3부
IPO 트렌드

1. IPO에도 산업별 트렌드가 존재한다

기업공개(IPO)는 단순한 자금조달 수단을 넘어, 기업이 시장에서 어떻게 평가받고 어떤 산업적 위치를 점유하는지를 보여주는 중요한 이정표이다. 특히 최근 IPO 시장에서는 특정 산업군이 집중적으로 상장되는 **산업별 트렌드**가 나타나고 있어 이를 면밀히 살펴보는 것이 중요하다.

많은 경우 IPO라고 하면 코스피(유가증권시장)보다는 코스닥시장을 먼저 떠올리기 쉽다. 이는 비상장기업의 대다수가 상대적으로 진입 장벽이 낮고 성장성을 중시하는 코스닥을 주요 상장시장으로 고려하기 때문이다. 그러나 **어떤 시장이 자사의 성장 전략과 맞는지, 시장 참여자들의 평가 기준과 밸류에이션 접근 방식이 어떻게 다른지** 등을 종합적으로 검토해야 한다.

1) 국내 IPO 시장의 성장 흐름

(1) 시장 규모

KRX 정보데이터시스템에 따르면, 2024년 12월 기준, 코스피와 코스닥을 합한 전체 상장 종목 수는 총 2,745개에 달한다.

전체 시가총액은 약 2,303.5조 원으로, 이는 **2004년의 시가총액(약 443.7조 원)**과 비교해 약 419% 성장한 수치다.

연평균 성장률은 **약 8.6%**에 이른다.

(2) 평균 시가총액 변화

2004년 상장 종목의 평균 시가총액은 **약 2,534억 원**이었으나, 2024년에는 **약 8,392억 원**으로 증가하였다. 이는 단순히 상장 종목 수의 증가를 넘어, 상장기업의 **질적 성장과 대형화**가 동시에 진행되었음을 시사한다.

2) 산업별 IPO 트렌드 파악의 중요성

최근 IPO는 단순히 재무적 요건만 충족한다고 해서 성사되는 것이 아니다. **산업별 성장성, 정부 정책과의 정합성, ESG 요인, 기술 경쟁력, 스토리텔링** 등 다양한 요소가 평가에 영향을 미친다. 특히 아래와 같은 산업군은 최근 몇 년간 IPO 시장에서 강세를 보여왔다.

- **바이오·헬스케어**: 기술특례상장 제도를 통해 다수의 R&D 중심 기업이 상장
- **2차전지 및 친환경 에너지**: 탄소중립, 전기차 확산 등에 따른 수요 급증

- **AI·빅데이터·소프트웨어**: 디지털 전환 수혜 산업으로 주목
- **K-콘텐츠·플랫폼 기업**: 글로벌 시장 확장 가능성으로 주목

이처럼 **어떤 산업군이 시장에서 주목받고 있는지, 비슷한 산업군의 선행 기업들이 어떤 밸류에이션을 받았는지** 등을 사전에 파악하는 것은 IPO 전략 수립에 있어 필수적인 작업이다. IPO는 자금조달 이상의 전략적 수단이며, 성공적인 상장을 위해서는 단순히 상장요건을 충족시키는 것 이상으로 **시장 흐름, 산업 트렌드, 투자자 선호도 등을 종합적으로 고려한 분석과 준비가 필수적**이다. 특히 우리 회사가 속한 산업군이 최근 IPO 시장에서 어떻게 평가받고 있는지를 파악하고, 적합한 상장 시장(코스피 vs 코스닥)을 선별하는 것이 성공적인 IPO의 첫걸음이 될 수 있다.

3) 유가증권시장과 코스닥시장, IPO 구조의 양대 축

국내 자본시장은 유가증권시장(코스피)과 코스닥시장이라는 두 축을 중심으로 성장해 왔다. 각 시장은 상장요건, 투자자 성향, 기업 특성 등에 따라 역할이 명확히 구분되며, IPO 전략 수립에 있어 시장 선택은 기업의 성장성과 자금조달 목적에 따라 달라진다.

(1) 유가증권시장(KOSPI)의 구조적 성장

유가증권시장 상장 종목 수는 **2004년 844개에서 2024년 961개로** 소폭 증가하는 데 그쳤지만, **시가총액은 같은 기간 413조 원에서 1,963조 원으로 약 5배** 확대되었다.

이러한 성장세는 주로 시가총액 상위 대형주들이 주도했으며, 종목별 평균 시가총액 역시 **4,888억 원에서 약 2조 원 수준으로** 크게 증가하였다.

이는 유가증권시장이 글로벌 경쟁력을 갖춘 **대형 우량 기업 중심의 상장 시장**으로 자리매김했기 때문이다. 삼성전자, 현대차 등 세계적 수준의 기업들이 이 시장에 상장되어 있으며, 지속적인 수익 창출력과 자본 효율성을 기반으로 시장의 성장을 견인해 왔다.

또한, 유가증권시장에 신규 상장하거나 코스닥에서 이전 상장하는 기업들은 **엄격한 재무 요건과 내부통제 기준**을 충족해야 하므로, 일반적으로 **우량한 실적 기반과 일정 규모 이상의 기업 가치**를 보유한 기업들이 진입한다.

(2) 코스닥시장(KOSDAQ)의 확장성과 벤처기업 중심 기능

반면, **코스닥시장은 혁신기업과 벤처기업의 자금조달 창구**로서 그 기능을 충실히 수행해 왔다. **2002년 당시 856개였던 상장 종목 수는 2024년 말 기준 1,784개로** 유가증권시장 대비 두 배 가까이 확대되었다.

특히 **2003년 유가증권시장보다 상장 종목 수가 많아진 이후**, 2008~2013년에는 다소 정체기를 겪었으나, **2014년부터 본격적인 성장 국면에 진입**했다.

이에 따라 **2004년 31조 원에 불과하던 코스닥 시가총액은 2024년 말 기준 340조 원으로 약 11배 증가**했다. 이는 기술력 기반의 스타트업, 바이오, ICT 기업 등이 IPO를 통해 시장에 진입한 결과로 해석된다.

또한, 평균 시가총액은 **343억 원에서 1,907억 원으로 약 456% 상승**하며, 코스닥시장 전반의 체질 개선 및 기업 가치 상승을 반영하고 있다.

코스닥시장 내에는 **SPAC(기업인수목적회사)**도 포함되어 있으며, 이는 상대적으로 상장 진입이 어려운 기업들이 **간접상장(합병형 IPO)**을 통해 시장 진입을 노리는 수단으로 활용되고 있다.

유가증권시장은 **대형 우량 기업 중심의 안정적인 자금조달 플랫폼**, 코스닥시장은 혁신·벤처기업 중심의 성장형 자금조달 플랫폼으로 기능하고 있다. 따라서 기업이 IPO를 추진할 때는 단순히 시장 규모만이 아니라, **자사의 성장 스토리, 기술력, 업종 특성, 투자자**

저변, 상장 유지 요건 등 복합적인 요인을 고려한 시장 선택 전략이 필요하다. IPO는 시장 선택에서부터 성공의 반이 결정된다고 해도 과언이 아니다.

2. 산업별 상장기업 현황

IPO를 준비하거나 상장기업을 분석하는 과정에서는 산업별 현황을 체계적으로 이해하는 것이 필수적이다. 증권사 리서치센터 등에서는 자사 기준에 따라 섹터를 정의하고 분석 리포트를 발간하지만, 각 사마다 기준이 상이하여 '테마' 중심의 분류(예: 테크, 2차 전지, 재생에너지, 자율주행 등)**는 일관성 있는 비교 분석에 한계가 있다.

이에 따라 본 분석에서는 보다 객관적이고 통일된 기준으로 상장기업 산업을 파악하기 위해 **한국거래소(KRX)의 공식 업종 분류 체계**를 기준으로 산업 현황을 재정리하였다.

1) 업종 분류 체계의 특성과 재분류의 필요성

유가증권시장과 코스닥시장은 산업 분류 체계가 기본적으로 유사하나, 시장의 성격 및 상장요건 차이로 인해 일부 상이한 분류가 존재한다. 특히 최근 급증한 **신약 개발, 진단 키트 등 바이오산업**의 경우, 한국거래소의 공식 분류상 **제약·바이오**가 아닌 '**서비스업**' 또는 '**기타 서비스**'로 **분류**되어 있어, 실질적인 산업 분석에는 한계가 있다.

또한 **엔터테인먼트, 미디어, 플랫폼 기업** 역시 본질적으로 문화콘텐츠 또는 ICT 기반 산업에 해당함에도 불구하고, 기존 분류상 서비스업에 포함되어 있어 통계적 왜곡이 발생한다. 이에 따라 본 분석에서는 산업의 본질적 특성에 기반하여 11개 산업군으로 **업종을 재분류**하고, 유가증권시장과 코스닥시장을 통합한 시가총액 및 종목 수 기준으로 산업 현황을 재정리하였다.

2) 최근 산업별 상장 현황

2023년 말 기준, 산업 재분류에 따른 **11개 주요 산업군** 중 다음과 같은 세 가지 산업이 상장기업의 시가총액과 기업 수에서 두드러진 비중을 차지하고 있다.

산업군	2004년 상장기업 수	2023년 상장기업 수	2004년 시가총액 (조원)	2023년 시가총액 (조원)
반도체/디스플레이/전자부품	150개	399개	100조	876조

화학/금속/기계장비	200개	350개	80조	400조
금융	100개	150개	60조	300조
바이오/제약	50개	200개	10조	150조
IT 서비스/소프트웨어	80개	180개	20조	250조

연도	신규 상장기업 수	주요 산업군
2020	70개	바이오, IT 서비스
2021	80개	2차전지, 반도체
2022	90개	바이오, 디지털 콘텐츠
2023	100개	반도체, 2차전지, AI

반도체·전자 산업군은 삼성전자, SK하이닉스 등 국내 대표 기업이 포진해 있어 시가총액 기준 압도적인 비중을 차지하고 있으며, 종목별 평균 시가총액도 가장 높은 수준을 기록하고 있다. 이는 글로벌 경쟁력을 보유한 국내 전자·부품 산업의 구조적 강점을 반영한 결과이다.

화학·기계·금속 산업군은 전통 제조업 기반의 수출 주도 산업으로,

안정적인 실적과 높은 자산 규모를 기반으로 높은 시장 비중을 유지하고 있다. **금융 산업** 역시 시총 상위권을 구성하고 있으며, 특히 유가증권시장에 집중된 보험·은행·지주사 등 대형 금융그룹이 시장 전체에서 차지하는 영향력이 크다.

3) 코스닥과 유가증권시장의 영향력 차이

본 분석에서 확인된 산업별 상장 현황은 유가증권시장 중심의 분포와 유사한 양상을 보인다. 이는 **유가증권시장이 코스닥시장 대비 약 5배에 달하는 시가총액 규모를 보유**하고 있다는 점에서 자연스러운 결과로 해석된다. 특히 유가증권시장은 **대형 제조업 및 금융기업**이 중심을 이루는 반면, **코스닥은 바이오, IT, 콘텐츠 등 성장 중심의 산업군**이 주도하고 있어 **시장별 산업구조 차이**는 IPO 전략 수립 시 고려해야 할 핵심 요소이다.

기업이 IPO를 고려하거나 산업 벤치마킹을 진행할 때, 단순한 테마 중심의 접근보다는 **공식 통계와 재분류된 산업구조를 기반으로 한 명확한 포지셔닝 분석**이 필요하다. 특히 바이오, 플랫폼, 엔터 등 신산업군의 경우 **기존 분류의 한계를 보완한 재정렬 데이터**를 기반으로 산업 내 경쟁력과 성장 가능성을 평가하는 것이 중요하다. 향후 IPO를 준비하는 기업은 산업 내 시가총액 분포, 평균 밸류에이션,

유사 기업의 상장 성과 등을 기준으로 **시장 진입 전략을 수립**할 수 있어야 한다.

4) 산업별 시가총액 구성 및 시장별 특징 분석

2023년 말 기준, 국내 증권시장 전체 시가총액에서 **반도체/디스플레이/전자/부품 산업군**이 약 41%로 과반에 육박하는 비중을 차지하며 시장의 핵심 축으로 자리 잡고 있다. 이어 **화학/금속/비금속/기계장비**산업이 **14%**, **금융**이 **13%**, **운송/장비** 10%, **제약/바이오/헬스**와 **유통/소비재**가 각각 **6%**, 그리고 **인터넷/콘텐츠 산업군**이 4%의 비중을 기록하고 있다.

최근 수년간 IPO 시장을 주도해 온 **제약/바이오/헬스** 및 **인터넷/콘텐츠** 산업은 대부분 코스닥시장에 집중되어 있으며, 유가증권시장 내에서는 소수의 대형 종목만이 포진해 상대적으로 낮은 산업 비중을 보인다. 이는 두 시장 간 산업 구성과 기업 유형의 차이에서 비롯된 구조적 특성으로 해석할 수 있다.

한편, 유가증권시장 내 시가총액 1위를 차지한 **반도체/디스플레이/전자/부품 산업군**의 개별 기업 평균 시가총액은 **11조 원**으로 나타났으며, 이는 인터넷/콘텐츠 산업의 평균 시총인 **11.2조 원**에 근소하게 못 미친다. 하지만 이 수치는 **국내 시가총액 1위 기업인**

삼성전자의 영향을 크게 받은 결과로, 삼성전자를 제외할 경우 해당 산업군의 평균 시가총액은 **약 4.6조 원**으로 대폭 하락한다.

반대로, **인터넷/콘텐츠 산업군**은 전체 시총 내 비중이 4%에 불과하지만 **총 7개 기업 중 5개 기업이 시가총액 5조 원 이상**에 해당하며, 이 중 상위 2개 기업은 **20조 원을 초과**하는 초대형 종목이다. 이는 소수의 압도적 기업이 산업 평균 시총을 견인하고 있는 사례라 할 수 있다.

5) 코스닥시장 내 산업별 구조 분석

코스닥시장에서는 유가증권시장과는 다소 다른 산업구조를 보인다. **반도체/디스플레이/전자/부품 산업군**의 비중은 29%로 낮아지는 반면, **제약/바이오/헬스 산업군**의 비중은 18.7%로 크게 증가하여, 코스닥시장에서 가장 높은 산업군 비중을 기록한다. 여기에 **화학/금속/기계장비**산업까지 포함하면, 이들 상위 3개 산업이 전체 시장의 과반 이상을 차지하게 된다.

이외에도, **SW/서비스, 인터넷/콘텐츠, 엔터테인먼트/미디어** 산업군의 합산 시가총액 비중은 약 13.9%로 나타나, **벤처기업 중심의 시장 구조**와 코스닥시장 설립 취지에 부합하는 산업 구성을 형성하고 있다.

흥미로운 점은, 코스닥 내 **평균 시총 1위 산업**이 **엔터테인먼트/미디어 산업군**이라는 점이다. 해당 산업의 평균 시총은 유가증권시장 내 평균 시총 1위 산업인 반도체/디스플레이/전자/부품 산업의 10분의 1 수준에 그치지만, 이는 시장의 역할과 기업 특성, 성장 단계의 차이를 고려할 때 충분히 합리적인 결과로 볼 수 있다.

6) 최근 IPO 시장 동향

2019년부터 2024년까지 최근 **6년간 신규 상장된 기업 수는 총 744개** 사에 달한다. 이 중 **SPAC(Special Purpose Acquisition Company)** 합병을 목적으로 한 상장 사례가 **163건** 포함되어 있으며, **종류 주식 상장, 코넥스시장 상장, 코스닥에서 유가증권시장으로 이전 상장한 종목** 등은 제외한 수치이다. 이러한 수치는 국내 IPO 시장이 지속적으로 활력을 유지하고 있으며, 특히 코스닥을 중심으로 **벤처 및 성장기업의 상장 활성화**가 이루어지고 있음을 보여준다. 동시에 특정 산업군—특히 바이오, 반도체, 콘텐츠 분야—에 상장 수요가 집중되고 있는 트렌드를 뚜렷하게 반영하고 있다.

7) SPAC 상장과 SPAC 합병상장의 개념 및 최근 동향 분석

SPAC(Special Purpose Acquisition Company)은

기업인수목적회사로, 비상장 우량 기업을 인수·합병하는 것을 목적으로 설립되어 상장되는 특수목적회사이다. 흔히 SPAC 상장과 SPAC 합병상장을 혼동하기 쉬우나, 이 둘은 명확히 구분된다.

● **SPAC 상장**이란, **합병 대상이 없는 SPAC 자체가 증시에 상장되는 과정**으로, 향후 3년 이내에 비상장 유망 기업을 물색해 합병을 추진하는 방식이다.

● 반면 **SPAC 합병상장**은, **비상장기업이 이미 상장된 SPAC과 합병함으로써 상장요건을 우회해 증시에 입성하는 방식**이다. 이는 통상적인 IPO 절차보다 간편하고 빠르다는 장점이 있어 자금조달과 상장 시점을 전략적으로 고려하는 스타트업 및 벤처기업 사이에서 활용도가 높다.

(1) SPAC 합병상장을 통한 IPO 건수 추이

● 2019년부터 2021년까지는 합병상장 사례가 전무했으나,

● 2022년 4건, 2023년에는 14건으로 급격히 증가하며 활성화되고 있으며, 2024년에는 16건의 합병상장이 이뤄졌다.

이러한 증가 추세는 특히 특정 산업에서 두드러진다.

(2) 2024년 SPAC 합병상장 산업별 분포

- 화학/금속/비금속/기계장비: 31%
- 제약/바이오/헬스 : 25%
- SW/서비스: 19%
- 반도체/디스플레이/전기전자/부품: 13%
- 엔터/미디어: 13%

SPAC 합병상장은 다양한 산업에 걸쳐 있는데, 상장 시 공모를 통한 자금 확보의 필요성이 상대적으로 낮거나, 혹은 반대로 상장 이후 자본시장에서의 대규모 자금 확보가 절실해 빠르게 상장하고자 하는 기업 등에 SPAC 합병이 유리할 수 있기 때문이다.

(3) SPAC 자체 상장 추이 및 향후 전망

- 2020~2021년: 총 **44건**
- 2022년: **45건**
- 2023년: **37건**
- 2024년: **40건**

최근 SPAC 상장이 활발하게 이루어진 점에 주목할 필요가 있다. SPAC은 통상적으로 **상장 후 3년 이내에 합병이 완료되지 않으면 자동 해산**되므로, 2023/24년에 상장된 SPAC들이 **합병 대상을 본격적으로**

물색하고 실행하는 시기가 될 것이다.

따라서 비상장기업이 IPO를 고려할 때 **전통적인 공모 방식뿐 아니라 SPAC 합병상장도 유의미한 전략적 대안**으로 삼을 수 있으며, **합병 가능성이 높은 SPAC의 수와 업종 적합성, 상장 후 주가 안정성** 등도 함께 검토해야 할 중요 요소이다.

3. IPO 제도 및 심사, 정책의 변화

IPO 기업의 산업별 트렌드는 해당 산업의 경기 사이클, 주식시장 환경뿐 아니라 **공모가 산정, 수요예측 등 상장 실무에 영향을 미치는 제도 및 정책 변화**와도 밀접한 관련이 있다. 결국 IPO의 성패는 개별 기업의 실적과 성장 비전에 달려 있지만, **외부 환경 변화에 대한 선제적인 이해와 대응 전략 마련이 상장 준비에 있어 핵심 요소로 작용**한다.

특히 최근 몇 년간은 산업군에 따라 IPO 추진 시 **상대적으로 민감한 영향을 받는 업종들이 분명하게 드러나고 있다.**

1) 기술성장기업 특례상장: 제약·바이오에서 소부장·SW 기업으로

확산

최근 3년간 총 19개 기업이 **기술성장기업 상장 특례제도**를 활용하여 IPO에 성공하였다. 이 제도는 매출 등 재무 요건을 충족하지 못하더라도 **기술력과 성장 가능성을 바탕으로 상장이 가능하도록 허용하는 방식**이다.

- **초기에는 제약·바이오 기업들이 주로 활용**하였으며, 특히 코로나19 팬데믹 기간에는 **진단, 치료제, 백신 등 관련 수요 급증**에 힘입어 **역대 최대 규모의 공모자금 유치 사례**를 만들어냈다.

- 그러나 상장 이후 일부 기업들의 **실적 부진과 불투명한 기술 성과**로 인해 자본시장 내 신뢰도가 저하되었고, 이에 따라 **기술성장기업 심사 기준이 전반적으로 강화**되기 시작했다.

특히 **신약 개발 기업의 경우**, 미래 실적을 **기술이전 계약에 기반한 추정치로 제시**하는 경우가 많아, **기술평가 시 일정 단계 이상의 임상 진행 현황**이나 **기술이전 실적 유무**가 중요한 판단 기준이 되고 있다.

반면, **소부장(소재·부품·장비) 기업**은 **실적 기반이 상대적으로 견조**하다는 점에서 제약·바이오와 대조적인 양상을 보이고 있다. 최근에는 소부장 기업뿐 아니라 **소프트웨어 기업들까지 기술성장기업 특례를 적극 활용**하고 있으며, **비바이오 기업의 특례상장 수가 제약·바이오를 추월**하기에 이르렀다.

2) 제도적 완화 조치: 소부장 중심 정책 지원과 심사 유연화

2019년 8월 정부는 「소재·부품·장비 경쟁력 강화 대책」의 일환으로 **기술성장기업 특례제도에 대한 요건 완화 조치**를 시행하였다. 이에 따라 **소재·부품 전문기업**으로 지정된 기업은 기존 2개 기술평가기관의 평가(A, BBB 이상) 요건이 **1개 기관의 A등급 이상 평가만으로도 상장이 가능**해졌고, 상장 심사 기간 또한 **45영업일에서 30영업일로 단축**되었다.

이러한 규제 완화 이후 소부장 기업들의 IPO가 꾸준히 증가했으며, **2020년 5건 → 2021년 9건 → 2022년 11건**으로 늘어나 **정책적 효과가 가시화**되었다.

3) 2023년 기술특례제도 전면 개편: 초격차 기술기업에 대한 정책적 인센티브

2023년 7월 금융위원회는 기술성장기업 특례제도에 대한 전면적인 개선 방안을 발표하였으며, 해당 제도는 **2024년부터 실제 IPO 심사에 적용**되고 있다. 주요 개선 사항은 다음과 같다.

(1) 신청 단계 개선

○ 「국가전략기술육성법」 및 「국가첨단전략산업법」상 지정 기업의 경우, **기준 시가총액 1,000억 원 이상 + 최근 5년간 100억 원 이상 투자유치** 시

→ 기술평가 요건을 2개 기관 → 1개 기관으로 완화

(2) 심사 단계 강화 및 효율화
○ 상장위원회의 전문성 강화
○ 한국거래소와 금융감독원 간 심사 정보 공유 체계 구축
○ 심사 프로세스의 효율화 및 심사 기간 단축

(3) 사후관리 강화
○ 상장 후 **기업 부실 발생 시**, 해당 기업의 **주관사는** 이후 기술특례상장 시 풋백옵션 등 추가 조건 부과

→ 상장주관사의 책임성과 리스크관리 역할 강화

이 중 '**초격차 기술특례**'는 국가전략기술 보유 기업에 대한 **기술평가 완화 요건을 정식 제도로 명문화한 것**으로, 향후 해당 기업들의 상장 진입 장벽을 낮추는 데 핵심적인 역할을 할 것으로 기대된다. 이처럼 IPO 제도는 단순한 상장요건을 넘어, **산업 정책, 자본시장**

질서, 투자자 보호 간 균형을 추구하는 방향으로 진화하고 있으며, 향후 IPO를 추진하는 기업은 **정책적 변화의 수혜 가능성 여부를 전략적으로 고려**해야 한다.

4. 증권사 보고서를 통해 본 산업 트렌드

IPO 시장에서 공모가 산정에 중대한 영향을 미치는 수요예측 과정에서 기관투자자의 관심 산업은 주요 변수로 작용한다. 기관투자자들은 주로 성장 가능성이 높고 시장의 주목을 받는 산업에 집중하는 경향이 있으며, 이러한 선호는 증권사에서 발간하는 분석 보고서를 통해 일정 부분 유추가 가능하다.

2023년 한 해 동안 국내 주요 증권사들은 기업 분석 및 산업 분석을 포함해 약 33,000건의 보고서를 발간하였다. 이 중 가장 높은 비중을 차지한 분야는 반도체, 디스플레이, 전기전자, 부품 등 전방위적인 기술 산업군으로 전체 보고서의 약 19%를 구성하였다. 이는 기술 기반 제조업에 대한 기관투자자의 지속적인 관심과 높은 정보 수요를 반영하는 것으로 해석된다.

그 뒤를 이어 유통 및 소비재 산업이 14%, 운송 및 장비 산업이 13%를 차지했으며, 화학, 금속, 비금속, 기계장비 등 전통 제조업 분야는 12%로 근소한 차이를 보였다. 또한, 콘텐츠 기반 산업인 엔터테인먼트, 미디어, 인터넷, 콘텐츠 부문은 11%, 제약·바이오·헬스케어는 10%로 나타났으며, 금융 산업은 9%로 집계되었다.

이러한 분석 결과는 기관투자자들이 선호하는 산업군과 정보 접근 빈도 간의 상관관계를 보여주며, IPO 준비 기업 입장에서는 자사 산업이 시장에서 어느 정도의 정보 축적과 관심을 받고 있는지를 객관적으로 판단하는 하나의 지표로 활용될 수 있다.

5. 벤처투자를 통해 본 산업 트렌드

IPO 시장의 주요 이해관계자 중 하나인 벤처캐피탈(VC)의 투자 동향은 상장 트렌드를 가늠하는 유의미한 지표로 작용한다. 특히 국내 IPO 시장에서는 벤처캐피탈의 영향력이 매우 뚜렷하게 나타난다. 실제로 벤처캐피탈이 투자하지 않은 기업을 찾는 것이 더 어려울 정도로, 다수의 상장기업이 벤처투자 이력을 보유하고 있다.

한국벤처캐피탈협회에 따르면, 2011년 전체 IPO 기업 55개 중

37개 기업(67.3%)이 벤처캐피탈의 투자를 받은 것으로 나타났으며, 이후에도 벤처캐피탈이 투자한 기업이 전체 IPO 기업의 과반수를 지속적으로 차지하고 있다. 2023년 9월 기준으로도 전체 77건의 IPO 중 41개 기업(54.6%)이 VC 투자 이력을 보유하고 있다.

2022년 벤처캐피탈은 총 6.8조 원 규모의 신규 투자를 집행하였으며, 2023년에는 약 20% 감소한 5.4조 원의 투자가 이루어졌다. 산업별로는 ICT서비스 분야가 2022년 약 2.4조 원, 2023년 약 1.5조 원의 투자로 가장 높은 비중을 차지하였으며, 그 뒤를 바이오·의료(8,844억 원), 유통·서비스(7,254억 원), 전기·기계·장비(6,239억 원) 순으로 나타났다.

주요 산업별 투자 흐름을 보면, 바이오·의료 분야는 2020년 전체 VC 투자 중 27.8%를 차지하며 정점을 기록했으나, 이후 지속적인 하락세를 보이고 있다. 이는 IPO 심사 기준의 강화 등과 무관하지 않은 것으로 해석된다. 반면, ICT서비스, 전기·기계·장비, 화학·소재 등은 비교적 꾸준한 투자 증가세를 보이고 있으며, 특히 소재·부품·장비(소부장) 산업은 정책적 수혜와 맞물려 IPO 시장에서도 주목받는 분야로 부상하고 있다.

한편, 글로벌 투자시장에서 ESG(Environmental, Social,

Governance) 요소가 빠르게 강화되고 있는 가운데, 벤처캐피탈 또한 ESG 투자를 본격적으로 도입하고 있는 추세이다. 중소벤처기업부는 2022년 7월 'ESG 벤처투자 표준 지침'을 국내 최초로 마련하고, 시범 적용을 시작하였다. 동 지침은 ESG에 대한 역량이 상대적으로 부족한 벤처 및 창업 초기 기업을 대상으로 ESG 기준을 투자 평가에 반영하도록 하는 것을 골자로 하며, 2022년 하반기 조성된 167억 원 규모의 ESG 전용 펀드에 우선 적용되었다.

향후 벤처캐피탈의 투자의사 결정 과정에서도 ESG 기준의 반영은 더욱 본격화될 것으로 보인다. 중소벤처기업부는 산업별 특성을 고려해 벤처캐피탈이 자체적인 ESG 분류 기준을 설정할 수 있도록 참고용 산업별 구분 안을 제공하고 있으며, 이러한 기준은 운용사 선정 및 펀드 운용 시 실질적인 평가 요소로 활용될 가능성이 높다. 이에 따라 IPO를 준비하는 기업들도 ESG 요건에 대한 사전 대응이 점차 중요해질 것으로 예상된다.

산업별 주요 ESG 요소		
산업분류	Level 1	Level 2 Level 3
바이오·의료	임상 시험 참가자의 안전, 제약·의료서비스에 대한 접근성, 인적 자원의 개발 및 유지	제품에 대한 가격 접근성, 위조 의약품 방지, 제품안전, 윤리적 마케팅, 공급망 관리, 윤리 경영
ICT 서비스/게임	데이터 프라이버시와 표현의 자유, 데이터 보안, 인적 자원의 다양성	하드웨어 인프라의 환경 부하, 지적재산권 존중 및 공정 경쟁, 서비스 중단 리스크 관리
영상·공연·음반	컨텐츠 제작·관리진에서의 다양성 및 포용성	보도·공연·방송 윤리, 저작권 보호
ICT제조	제품에서의 정보 보안, 인적 자원의 다양성, 제품 수명 주기 관리	공급망 관리, 지속 가능한 원료 구매, 온실가스 배출 관리, 에너지 사용량 관리, 용수 사용량 관리, 폐기물 배출 관리, 산업 안전, 지적재산권 존중 및 공정 경쟁
전기·기계·장비	제품 수명 주기 관리	제품 안전, 에너지 사용량 관리, 위험 폐기물 관리, 지속가능한 원료 구매, 윤리 경영
화학·소재	사용 단계에서 제품 환경성 개선, 화학물질의 안전·환경 관리	온실가스 배출 관리, 대기오염 물질 배출 관리, 에너지 사용량 관리, 위험 폐기물 관리, 지역 사회와의 관계, 산업 안전, 법률 및 규제 관리, 환경 사고 예방 및 대응 체계

유통·서비스	근로자 인권 보호, 인적 자원의 다양성	에너지 사용량 관리, 고객 정보 보호, 제품·포장·마케팅에서의 환경·사회적 지속가능성 개선

(출처: 중소기업벤처부)

3-1 산업별 주요 ESG 요소, 중소벤처기업부

> 참고

1. IPO 주관 업무 개선 방안

1) 개요

금융감독원은 최근 일부 기업공개(IPO) 과정에서의 중요 위험 요인 누락, 공모가 고평가 등으로 인해 주관사의 역량 및 책임성에 대한 시장의 신뢰가 저하되었다고 판단하고, 2024년 5월 이를 회복하기 위한 IPO 주관 업무 개선 방안을 발표하였다. 본 방안은 주관사의 독립성 제고, 실사 책임성 강화, 공모가 산정의 합리성 확보, 공시 충실도 제고, 내부통제 강화 등을 골자로 한다.

금융감독원은 IPO 업무의 자율규제 기조를 유지하면서도, 제도적 기반을 통해 주관 업무의 공정성과 투명성을 높이고, 사후 책임성을 강화함으로써 투자자 보호 및 시장 신뢰 제고를 도모하고자 한다. 이에 따라 IPO 전 과정에 걸친 제도 개선이 필요하다는 입장을 명확히 하고 있다.

2) IPO 주관 업무 단계별 제도 개선 방안

(1) 주관계약 체결: 주관사의 독립성 제고

현행 IPO 시장에서는 대표주관계약이 해지될 경우 해당 업무에 대한 수수료를 지급받지 못하는 관행이 있어, 주관사의 독립성과 자율성이 제한되는 문제가 지속되어 왔다. 이로 인해 상장 적격성이 낮은 기업에 대해서도 IPO를 무리하게 추진하는 사례가 발생하고 있다.

예컨대, 한 증권사가 주관하던 기업의 상장을 두고 타 증권사가 고공모가를 제시하며 계약을 수임한 사례가 있었는데, 해당 기업은 특허권 관련 소송에서 패소 가능성이 높고, 대표이사 및 특수관계인에 대한 부당 이익 제공 등 배임 소지가 있는 상황이었다. 이에 따라, 주관사의 독립적인 판단이 훼손되는 문제를 해결하기 위해 대표주관계약 체결 관행을 개선하고, 계약 해지 시까지 수행된 업무에 대한 적정 보수를 계약서에 명시하며, 비공식 수수료 수취를 금지하고 수수료 구조 및 지급 조건의 투명한 공시를 의무화한다.

(2) 기업 실사: 실사 책임성과 절차 강화

현재 IPO 실사 업무는 구체적인 법적 기준이 미비하여 형식적이고 부실한 실사가 이루어지고 있으며, 이로 인해 중요 투자위험이 적시에 공시되지 못하는 사례가 빈번히 발생하고 있다.

예를 들어, 한 주관사는 실사 기간 중 발행회사의 매출이 급감했음에도 이를 증권신고서에 반영하지 않았고, 공모가 재산 정도 생략하여 상장 직후 주가 급락을 초래하였다. 이러한 문제를 방지하기 위해 기업 실사의 항목, 절차, 검증 방식 등을 규정화하고, 실사 책임자가 계획 수립부터 결과 보고서 승인까지 전 과정을 점검하도록 의무화한다. 아울러, 부실 실사에 대한 제재 근거를 마련하고, 실사 책임자 실명 공시, 검증 절차 및 실사 의견란을 증권신고서에 신설함으로써 실사 신뢰도를 제고한다.

(3) 가치평가: 공모가 산정 기준의 객관성 확보

공모가 산정과 관련하여 현재는 절차적 규정만 존재하고, 구체적인 내부 기준이 없어 추정치의 과도한 사용, 부적절한 비교기업 선정, 평가 기준의 일관성 결여 등 문제가 발생하고 있다.

예컨대, 한 주관사는 실적이 부진한 기업에 대해 지나치게 낙관적인 미래 매출과 순이익을 가정하여 공모가를 산정했고, 또 다른 사례에서는 주류 유통업체를 글로벌 명품 제조사와 비교함으로써 기업 가치를 과대평가한 사례도 있었다. 이를 해결하기 위해 각 증권사가 공모가 산정과 관련한 내부 기준 및 검증 절차를 마련하도록 의무화하고, 예외 적용 시 내부 승인 및 문서화 과정을 거치도록 한다. 금융투자협회는 증권사들이 이를 원활히 도입할 수 있도록 'IPO

공모가격 결정 기준 및 절차(예시)'를 제공할 예정이다.

(4) 증권신고서: 투자자 정보 접근성 제고

증권신고서에는 거래소 및 주관사의 심사 과정에서 제기된 중요 투자위험이 기재되지 않는 경우가 종종 있으며, 이로 인해 투자자의 합리적 판단이 어려워지고 있다.

실제로, 한 기업은 대표이사와의 불투명한 거래가 존재했음에도 불구하고 이를 상장 심사신청서에 누락한 사례가 있다. 이를 개선하기 위해 거래소 심사에서 확인된 쟁점 사항, 주관사 내부 심의 내용 중 중요 투자위험, 과거 주식 발행 관련 정보 등 핵심 투자 판단 정보를 의무 기재토록 한다. 또한, 공시 서식을 표준화하여 투자자 정보 접근성을 높이고, 실사 내역, 수수료, 투자위험 항목 등에 대한 중복 기재를 지양할 수 있도록 작성 지침을 개정한다.

(5) 내부통제: 실효성 있는 관리 체계 구축

IPO 주관 업무 관련 내부통제 기준은 현재 선언적인 수준에 머물러 있으며, 구체적인 관리 항목이 부재하여 실효성 있는 통제가 어려운 상황이다.

이에 따라 대표주관업무 수행 전 확인 사항(계약 조건, 수수료 구조 등), 발행회사 리스크 수준에 따른 실사팀 구성, 내부 검토 및 심의 기준, 수요예측 결과 반영 방법, 증권신고서 제출 전 내부 검토 절차, 업무 수행 내용의 문서화 및 보관 방식 등 필수 항목을 인수 업무 규정에 명확히 반영한다. 이를 통해 주관 업무의 체계성과 일관성을 확보하고, 전반적인 업무 품질을 제고할 수 있을 것으로 기대된다.

2. 신성장동력·미래전략산업 분야 정부지원자금

정부는 신성장동력 및 미래전략산업 분야의 기술 기반 기업을 글로벌 경쟁력을 갖춘 핵심 산업의 주체로 육성하기 위해 다양한 금융지원 프로그램을 운용하고 있다. 특히 기술보증기금과 신용보증기금은 맞춤형 보증제도를 통해 기업의 자금조달 부담을 완화하고 사업화 역량을 제고할 수 있도록 지원하고 있다.

1) 기술보증기금 '초격차 미래전략산업 우대보증'

'초격차 미래전략산업 우대보증'은 기술보증기금이 주관하는 특화 보증프로그램으로, 미래전략산업 분야 기업의 자생력 확보 및 글로벌 초일류 기업으로의 성장을 유도하기 위해 설계되었다.

본 제도는 운전자금 산정 시 소요자금의 최대 130%까지 보증 한도를 확대 적용하며, 보증 비율은 최대 95%, 보증료는 최대 0.2%p 감면 혜택이 제공된다. 지원 대상은 아래의 5대 분야 17대 산업으로 구성되어 있으며, 이는 정부가 지정한 국가 전략 산업을 중심으로 구성된다.

- **5대 전략 분야:** 반도체·디스플레이, 이차전지, 미래모빌리티, 바이오헬스, 첨단로봇 등
- **17대 산업 세부 항목:** 차세대 메모리, 첨단 패키징, 전고체 배터리, 수소전지, 자율주행, 정밀의료 등

해당 기업은 기술성 및 성장잠재력 평가를 거쳐 우대 조건으로 보증을 받을 수 있다.

2) 신용보증기금 '신성장동력산업 영위 기업 보증'

신용보증기금의 '신성장동력산업 영위 기업 보증'은 미래 성장 가능성이 높은 산업 분야에 종사하는 기업의 스케일업을 지원하는 제도이다. 지원 대상은 **신성장동력 46개 분야 및 284개 세부 품목**에 해당하는 기술을 보유하거나 이를 기반으로 사업을 영위하는 기업이다.

보증 비율은 **90% 수준**이며, 보증료는 **기준 요율에서 0.1~0.2%p**

인하된 수준으로 제공되어 자금조달 비용을 절감할 수 있다. 이 보증제도는 기술성은 있으나 담보력이 부족한 기업의 자금 확보를 뒷받침하는 중요한 정책 수단으로 활용된다.

3) 기술보증기금 '우수기업 사업화 지원 프로그램'

기술보증기금이 운영하는 '우수기업 사업화 지원 프로그램'은 하이테크 기술 기반의 우수 스타트업 및 중소기업의 본격적인 사업화와 성장을 지원하기 위한 특화 제도이다. 특히 **대학, 연구기관, 대기업 연구소 출신 기술 인재의 창업기업**을 중점 대상으로 한다.

- **보증 한도:** 최대 50억 원
- **보증 비율:** 95%
- **보증료율:** 연 0.5% 고정

본 프로그램은 고위험·고기술 창업기업에 대한 금융지원을 강화하고, 이들이 시장에서 안정적으로 안착할 수 있도록 초기 자금 부담을 경감하는 데 목적이 있다. 기술보증기금은 기술성과 사업성을 종합적으로 평가하여 보증 여부를 결정하며, 보증 이후에도 성과관리와 후속 지원을 병행한다.

이러한 지원 제도들은 정부의 산업 육성 전략과 맞물려 신성장·첨단산업 생태계 조성에 중추적인 역할을 하고 있으며, 향후 미래산업 주도권 확보를 위한 핵심 수단으로 작용할 것으로 기대된다.

3. 녹색환경 분야 정부지원자금

지속 가능한 성장과 탄소중립 사회로의 전환을 위해 정부는 친환경 및 저탄소 관련 사업을 영위하는 기업을 대상으로 다양한 금융지원 제도를 운영하고 있다. 아래는 중소·중견기업을 위한 대표적인 녹색환경 분야 정책자금 및 보증프로그램이다.

1) 중진공 '신성장기반자금 (Net-Zero 유망 기업 지원)'

중소벤처기업진흥공단은 그린경제 기반 확대를 위해 **친환경·저탄소 산업에 특화된 정책자금**을 운용 중이다. 'Net-Zero 유망 기업 지원자금'은 **친환경 생산설비 도입, 저탄소 원부자재 구매, 환경 정화 및 신재생에너지 관련 사업화** 등을 추진하는 기업을 대상이다.

지원 대상
- 신재생에너지, 환경 정화, 자원순환 등 그린 기술 사업화 기업
- 원부자재를 친환경 소재로 전환하는 기업

● 오염물질 저감, 저탄소 공정, 에너지 효율화 설비 도입 기업 등

지원 방식 및 조건

● **지원 방식**: 직접 대출, 금융회사 대리대출, 이차보전 방식

● **직접 대출 금리**: 정책자금 기준금리(변동) + 0.5%p

● **대출 한도**: 기업당 잔액 기준 최대 60억 원 (지방소재기업은 70억 원까지 가능)

2) 신용보증기금 '녹색보증프로그램'

신용보증기금은 **탄소중립 및 저탄소 사업 분야**에 대해 '녹색보증프로그램'을 운영하여 보증을 통한 자금조달을 지원하고 있다. 프로그램은 다음과 같이 구성된다.

① 탄소중립 특화보증
② 탄소중립 프로젝트 보증

주요 조건

● **보증 비율**: 95~100%

● **보증료율 감면**: 세부 프로그램에 따라 0.2%p~0.5%p 감면 적용

해당 프로그램은 친환경 제품 생산, 탄소배출 감축 기술 도입, 관련 사업 확장을 추진하는 기업에게 적합하다.

3) 신용보증기금 '녹색공정전환보증프로그램'

추가적으로 신용보증기금은 **저탄소 전환을 추진하는 기업**을 위한 '녹색공정전환보증'도 운영하고 있다. 본 프로그램은 **공정 전환, 기술 혁신, 프로젝트 기반 사업**을 영위하는 기업을 지원 대상으로 하며, 유형별 세부 내용은 다음과 같다.

유형	보증 비율	보증료율 조건
저탄소 사업전환 기업	95~100%	시설: 고정 0.5% / 운전자금: 0.3~0.5%p 감면
저탄소 기술혁신기업	95~100%	0.3~0.4%p 감면
저탄소 프로젝트 기업	95~100%	고정 보증료율 0.5% 적용

주요 적용 대상은 친환경 제조공정 도입, 에너지 절감 설비 구축, 기술 기반 탄소저감 프로젝트 등을 추진하는 기업으로, **탄소 저감 효과와 사업 지속성**을 동시에 인정받을 수 있다.

이들 제도는 **자금 확보가 중요한 성장 초기 기업**부터 **사업 확장 단계의 중견기업**까지 다양한 기업군에 폭넓게 적용 가능하며, 탄소중립 이행 전략을 위한 금융적 기반을 제공한다. 각 제도의 **신청 요건, 지원 조건, 평가 기준** 등은 변동될 수 있으므로, 세부 사항은 해당 기관을 통해 반드시 확인할 필요가 있다.

4. 소부장 분야 정부지원자금

정부는 국내 소재·부품·장비 산업의 자립화와 경쟁력 강화를 위해 다양한 금융지원 프로그램을 운영하고 있다. 다음은 소부장 분야 기업을 위한 주요 보증지원 제도이다.

1) 기술보증기금: '소재·부품·장비 산업 특례보증'

기술보증기금의 '소재·부품·장비 산업 특례보증'은 대외 의존도가 높은 산업구조를 개선하고, 소부장 산업의 자립화를 촉진하기 위한 특화된 지원 프로그램이다.

지원 대상

- 소부장 으뜸기업
- 소부장 강소기업 100+
- 소부장 스타트업 100

이외에도 『소재·부품·장비 특별조치법』에 따라 소부장 관련 업종을 영위하며 일정 요건을 충족하는 기업 역시 지원 대상에 포함된다.

주요 혜택
- **보증 비율**: 최대 95%
- **보증료 감면**: 최대 0.4%p 인하

2) 신용보증기금: '소재·부품·장비 분야 경쟁력 강화 프로그램'

신용보증기금의 '소재·부품·장비 분야 경쟁력 강화 지원 프로그램'은 기술력 기반의 성장 가능성이 있는 기업을 대상으로 **R&D, 사업화, 스케일업 등 전주기적 성장을 지원**하는 제도이다.

지원 대상
- 소부장 관련 업종을 영위하는 기업
- 소재·부품·장비 분야에서 **연구개발, 제품화, 시장 확대 등을** 추진하는 기업

주요 혜택

● 보증 비율: 90% ~ 100%

● 보증료 감면: 0.2%p ~ 0.5%p 인하

3) 보증기금: 'SMART 융합보증'

신용보증기금의 'SMART 융합보증'은 융합기술 기반 산업의 성장을 지원하기 위한 제도이다.

융합설비 도입, 융합 제품 생산, ESS(Energy Storage System) 장치 생산 및 도입 등 첨단 융복합 산업에 속한 기업을 주 대상으로 한다.

주요 혜택

● 보증 비율: 90%

● 보증료 감면: 0.2%p ~ 0.6%p 인하

이와 같은 정부 보증프로그램은 소부장 기업의 금융 접근성을 제고하고 안정적인 성장 기반을 마련하는 데 중요한 역할을 하고 있으며, 기업의 상황과 필요에 따라 적극적인 활용이 권장된다.

5. 스마트 제조/서비스 분야 정부지원자금

스마트 제조 및 서비스 혁신을 촉진하고 디지털 전환을 가속화하기 위해 정부는 다양한 정책금융과 보증제도를 운영하고 있다. 주요 지원 프로그램은 다음과 같다.

1) 신용보증기금 – 스마트공장 특화지원 프로그램

신용보증기금은 스마트공장 구축을 완료했거나 정부의 스마트공장 관련 사업에 선정된 기업을 대상으로 **'스마트공장 특화지원 프로그램'**을 운영하고 있다.

이 제도는 스마트 제조 역량을 갖춘 기업의 자금조달을 원활히 하기 위한 보증지원 프로그램으로, 다음과 같은 혜택이 제공된다.

- **보증 비율**: 90~95% 수준
- **보증료 감면**: 최대 0.5%p 인하 혜택
- **지원 대상**
  ○ 스마트공장 보급·확산 사업 참여 기업
  ○ 스마트공장 구축 완료 기업

○ 스마트공장 수준확인서를 보유한 기업

이는 스마트공장 운영 리스크를 줄이고 금융기관의 대출 여력을 확장시키는 데 목적이 있다.

2) 기술보증기금 – 스마트제조/서비스 기업 보증

기술보증기금은 디지털 전환을 통한 산업 경쟁력 강화를 위해 **'스마트제조/서비스 기업 보증'** 프로그램을 운영한다. 이 제도는 제조업뿐 아니라 서비스 산업의 스마트화를 지원하는 포괄적 정책 보증 상품이다.

- **보증 비율**: 최대 100% (무담보 보증 가능)
- **보증료 감면**: 최대 0.5%p 인하
- **지원 대상**:

○ 스마트공장 보급 사업 참여 기업

○ 스마트 제조 기술(로봇, IoT, CPS 등) 도입 기업

○ 스마트 서비스 기반 기술 도입 기업

이를 통해 스마트공장 구축 기업뿐 아니라 디지털 기반의 비즈니스 모델을 채택한 서비스 기업도 포괄적으로 지원받을 수 있다.

3) 중소벤처기업진흥공단 – 신성장기반자금(제조 현장 스마트화)

중소벤처기업진흥공단(중진공)은 **'신성장기반자금(제조 현장 스마트화)'**을 통해 스마트공장 도입과 생산 현장의 디지털화를 추진하는 중소·중견기업에 대한 장기·저리 정책자금을 지원하고 있다.

● **지원 대상**

○ 스마트공장 보급·확산 사업 및 생산 현장 디지털화사업 참여 기업

○ ICT 기반 생산 효율화를 위한 자동화 설비 구축 기업

○ 탄소중립형 스마트공장 구축 협약 기업

● **지원 형태**

○ 중진공 직접 대출

○ 금융기관 대리대출 및 이차보전 등

● **대출 조건(직접 대출 기준)**

○ **한도**: 기업당 최대 100억 원(잔액 기준)

○ **금리**: 정책자금 기준금리 적용(2023년 4분기 기준 2.90%, 변동금리)

본 자금은 기업의 스마트제조 전환을 위한 대규모 설비투자, 데이터 인프라 확충, 에너지 효율 개선 등 폭넓은 용도로 활용이 가능하다.

스마트 제조 및 서비스화는 단순한 자동화 수준을 넘어 **데이터 기반**

의사결정, 예지정비, 에너지 효율성 향상, 친환경 생산 체계 구축 등 산업 전반의 체질 개선을 목표로 한다. 따라서 각 제도의 활용 여부는 기술 수준, 사업계획, 투자 여건 등을 종합적으로 고려해 전략적으로 접근해야 한다.

6. 문화산업 분야 정부지원자금

▶ 신용보증기금 '신한류 해외 진출 지원 프로그램'

신용보증기금이 운영하는 '신한류 해외 진출 지원 프로그램'은 해외 진출을 준비하거나 진행 중인 문화콘텐츠 제작 기업을 대상으로 보증지원을 제공하는 제도인데, 해당 프로그램은 최대 90%의 보증비율을 적용하며, 보증료율은 0.2%p 또는 0.4%p 감면 혜택을 받을 수 있다.

▶ 신용보증기금 '문화산업 정책 보증'

'문화산업 정책 보증'은 문화산업 제작 및 유통기업뿐만 아니라 전·후방 연관 산업을 영위하는 기업을 지원하는 보증 제도이다. 보증비율은 최대 90%이며, 보증료율은 0.3%p 차감 혜택이 제공된다.

▶ **신용보증기금 '문화산업 완성보증'**

'문화산업 완성보증'은 영화, 게임, 만화, 캐릭터, 음악, 공연, 출판 등 다양한 콘텐츠 제작 기업을 대상으로 하는 보증 제도인데, 보증 비율은 최대 95%까지 적용 가능하며, 보증료율은 0.4~0.8%p 범위 내에서 감면 혜택을 받을 수 있다.

4부
IPO 성공 사례

1. 일반상장 사례 – 코칩

기술특례상장은 기술력 기반 중소기업의 상장 진입 장벽을 낮추는 제도로 자리 잡았으나, 상장 이후 성과에 대한 시장의 기대를 충족시키지 못하는 일부 사례로 인해 제도 전반에 대한 신뢰도가 영향을 받은 바 있다. 대표적으로 2023년 기술특례상장한 '파두'의 경우 실적 부진으로 인해 시장의 우려를 자아냈고, 이에 따라 한국거래소는 기술특례상장요건을 강화했으며, 금융감독원 역시 증권신고서 작성 기준을 개정하는 등 규제 환경이 보다 엄격해지는 계기가 되었다.

이러한 배경 속에서 기술특례가 아닌 일반상장 제도를 선택한 기업 '코칩'(2024년 5월 상장)은 오히려 시장으로부터 높은 신뢰와 긍정적인 평가를 이끌어낸 사례로 주목할 만하다.

1) 사업 개요 및 재무성과

코칩은 전자기기 부품 전문기업으로, **소형·초소형 커패시터 제조 및 판매, 그리고 MLCC(적층세라믹콘덴서) 유통 사업**을 주력으로 하고 있다. 주요 제품은 TV, 리모콘, 프린터 등에 적용되는 소형 커패시터와 GPS 모듈, 드론 카메라에 사용되는 초소형 커패시터이며,

자사의 핵심기술 제품인 **칩셀카본**(EDLC: 전기이중층커패시터)은 고출력·장수명 특성을 갖춰 데이터 백업 및 보조 전원용으로 수요가 증가하고 있다.

2023년 기준 매출은 **329억 원**, 영업이익은 **41억 원**으로 견조한 실적을 기록하였으며, 특히 MLCC 유통 사업 비중이 2020년 69.5%에서 2023년 29.9%로 축소되면서 외부 사업 의존도를 낮추고 자체 사업 중심의 수익 구조를 강화하였다. 이러한 재무적 안정성과 사업 다각화는 상장 적격성 판단에서 긍정적 요소로 작용하였다.

2) 수요예측 및 공모 결과

코칩의 공모 과정은 시장의 강한 수요와 높은 평가로 이어졌다.

- 총 **2,207개 국내외 기관**이 수요예측에 참여하였으며,
- 경쟁률은 **988.32대 1**,
- **99.73%**의 기관이 공모가 밴드 상단 이상 가격을 제시함으로써 최종 공모가는 희망 범위를 초과한 **18,000원**으로 확정되었다.

청약자 구분	배정 주식 수	배정 비율	주당 공모가	모집(매출) 총액
우리사주조합	20,000주	1.3%	18,000원	360,000,000원
일반청약자	375,000주	25.0%	18,000원	6,750,000,000원
기관투자자	1,105,000주	73.7%	18,000원	19,890,000,000원
합계	1,500,000주	100.0%		27,000,000,000원

<표. 코칩 청약자 유형별 공모 배정 현황 / 출처: 코칩 투자설명서>

3) 상장 전략 및 투자자 신뢰 확보

코칩은 상장 전략 측면에서도 주목할 만한 선택을 했다.

● **전량 신주 발행**을 통해 기존 주주의 매출은 발생하지 않도록 하였고,

● 이로 인해 **대주주의 지분 희석을 최소화하면서 동시에 유통 물량을 제한**하여 이른바 '품절주 효과'를 유도하였다.

● 또한, **기관투자자의 의무 보유 확약 비율이 높게 나타나**, 상장 직후 대량 매도(오버행)에 대한 우려를 사전에 차단하는 데 성공하였다.

결과적으로 코칩은 기술특례상장이 아닌 **일반상장을 통해 시장의 신뢰를 확보하고**, 상장 이후 투자자들로부터도 **지속적인 관심과**

긍정적 평가를 받는 데 성공한 사례로 평가된다. 이는 기업의 내재적 역량과 상장 전략이 적절히 조화를 이룬 모범적인 상장 사례로 볼 수 있다.

2. 혁신기술 기업 사례 - 코난테크놀로지

코난테크놀로지는 2022년 코스닥에 상장한 인공지능(AI) 기반의 자연어처리 및 영상 분석 전문기업으로, **기술성장특례제도**를 통해 상장한 대표적인 혁신기술기업 사례이다. 동사는 우수한 기술력과 성장잠재력을 인정받아 상장 시 다양한 특례 요건을 적용받았다.

(1) 20년 이상의 업력을 가진 기술성장기업의 이례적 사례

코난테크놀로지는 1999년에 설립된 기업으로, 20년이 넘는 업력을 보유하고 있음에도 불구하고 2022년 상장 당시 일반상장이 아닌 **기술성장특례상장 방식**을 선택하였다. 이는 상장 전년도인 2022년부터 **영업손실로 전환된 실적 요인** 때문으로 판단된다. 실제로 회사는 2020년과 2021년에는 흑자를 시현했지만, 상장 직전 연도에 적자를 기록하면서 일반 상장요건을 충족하지 못하게 되었다.

기술성장특례제도는 일정 수준 이상의 기술력을 보유하고 있지만 재무적 성과가 아직 미비한 기업에게 **상장 기회를 제공하는 제도**다.

그러나 오랜 업력을 지닌 기업이 이 제도를 활용하는 경우, 투자자 및 심사기관으로부터 **장기간 수익을 창출하지 못한 기업**으로 인식될 위험이 있는 만큼, 상장 방식에 대한 심도 깊은 전략적 판단이 필요했을 것으로 보인다.

(2) 안정적인 공공 매출처와 장기 고객 기반의 신뢰 확보

회사는 이 같은 리스크를 오히려 **강점으로 전환**하는 전략을 택했다. 주요 매출의 50% 이상이 공공기관을 대상으로 발생하고 있으며, **5년 이상 거래 관계를 유지한 장기 고객사 비중이 과반**을 차지한다는 점을 강조했다. 이는 회사가 보유한 업력의 산물로, 안정적인 매출 기반과 고객 신뢰도를 입증하는 지표로 작용해 사업성 평가 항목에서 높은 점수를 획득하는 데 기여했다.

(3) 축적된 데이터와 차별화된 기술력으로 기술성 평가 통과

기술성 평가 항목에서도 코난테크놀로지는 **누적된 데이터 기반의 경쟁력과 차별화된 기술력**을 강조했다. 장기간 축적된 방대한 데이터와 이를 활용한 AI 기술력은 자사 제품군의 다양성과 성능 개선에 큰 강점으로 작용했다. 특히, 기존 시장 내 경쟁 기술과 자사의 기술을 비교 분석한 자료를 다각도로 제시함으로써 **기술력의**

독창성과 시장에서의 우위를 객관적으로 입증했다.

결론적으로 코난테크놀로지는 상장 시점에서의 재무적 한계를 **업력 기반의 신뢰도, 안정적인 매출처, 기술 차별성 확보**를 통해 보완하며, 기술성장특례제도를 활용해 성공적인 상장을 이뤄냈다. 본 사례는 **기술성과 사업성을 입체적으로 입증해 혁신기술기업으로의 상장이 가능하다는 점**을 보여주는 대표적인 케이스라 할 수 있다.

3. 사업모델 기업 사례 – 엔비티(NBT)

사업모델기업 상장 제도는 고유한 기술보다는 **독창적인 사업모델, 경영 역량, 외부 기술의 융합 및 적용 능력** 등 시장 내 차별화된 경쟁력을 기반으로 상장을 허용하는 제도다. 이는 기존의 기술특례상장이 바이오산업에 과도하게 편중되어 있다는 한계를 보완하고, 비기술 기반의 혁신기업에게도 자본시장 진입의 기회를 확대하기 위해 도입된 특례제도이다.

산업 제한이 없고 특히 **플랫폼 기업, 콘텐츠 및 IP 스타트업** 등 기술보다는 기획과 운영 역량이 중요한 기업에 적합하며, 그 대표적인 성공 사례로 2021년 코스닥에 상장한 '엔비티'를 들 수 있다.

(1) 기업 개요 및 사업모델

엔비티는 2012년 설립된 국내 1위 모바일 포인트 플랫폼 기업으로, ▲소비자 대상 포인트 보상형 광고 플랫폼인 B2C 사업(캐시슬라이드, 캐시피드)과 ▲기업 고객 대상 제휴형 포인트 네트워크 플랫폼인 B2B 사업(에디슨 오퍼월)을 함께 운영 중이다.

● **캐시슬라이드**는 세계 최초의 모바일 잠금화면 광고 플랫폼으로, 국내 누적 가입자 2,500만 명 이상을 확보하며 독보적 시장 지위를 구축했다.

● **에디슨 오퍼월**은 자사 고도화된 데이터 알고리즘을 기반으로 광고주에게 **정밀 타겟팅** 및 **성과 기반 광고 집행**이 가능하도록 설계된 B2B 플랫폼이다. 대형 고객사 이탈 사례가 거의 없는 점은 높은 서비스 충성도를 방증한다.

엔비티는 국내 성공을 기반으로 **중국과 북미 시장으로 사업을 확장**했으며, 특히 북미에서는 웹툰 기반 오퍼월 서비스를 통해 콘텐츠 플랫폼 영역까지 사업을 확장하는 등 **지속적인 사업 다각화**를 추구하고 있다.

(2) 상장 전략 및 성과

이러한 독창적이고 확장성 높은 사업모델을 인정받아, 엔비티는 **2021년 사업모델기업 특례상장 제도의 세 번째 사례**로 코스닥에 입성했다. 이 제도는 엔비티와 같이 수익성보다 사업모델의 창의성과 시장 지배력에 무게를 두는 기업에 적합한 방식이다.

과거 상장 사례를 살펴보면,
- 1호 기업인 **플리토**는 청약 경쟁률 1,133:1
- 2호 기업인 **캐리소프트**는 1,067:1의 경쟁률을 기록하며 공모가는 모두 희망 밴드의 **상단에서 확정**되는 등 시장의 높은 관심을 받은 바 있다.

엔비티는 이 같은 흐름을 넘어서는 성과를 기록했다.
- **2021년 1월, 유동성 장세의 정점에서 연초 첫 IPO 기업으로 상장**
- **청약 경쟁률 4,397:1**, 코스닥 역대 최고 경쟁률
- **청약 증거금 6조 9,518억 원** 유입
- **최종 공모가 19,000원**, 희망 공모가 밴드(13,200원~17,600원)를 초과 결정

이러한 성과는 시장이 엔비티의 **사업모델 자체를 성장 자산으로 평가**했음을 보여주는 사례다.

(3) 재무 실적과 상장제도의 적합성

엔비티는 상장 첫해인 **2021년 영업이익을 기록**하였으나, **2022년에는 적자 전환**했다. 이러한 실적 흐름에도 불구하고, 사업모델기업 제도를 통해 상장한 전략은 유효했다고 볼 수 있다. 기존의 일반상장요건이나 기술특례상장을 통한 접근보다, **시장성과 비즈니스 아이디어의 독창성**을 입증할 수 있는 방식이었기 때문이다. 특히 플랫폼 기반 수익모델은 초기에는 높은 마케팅비용과 인프라 투자가 수반되기 마련인데, 이는 **단기 수익성보다 중장기 성장성에 대한 신뢰를 확보하는 것이 더 중요함**을 시사한다.

엔비티는 사업모델기업 상장 제도의 목적과 취지에 부합하는 대표 사례로서, 플랫폼 중심 스타트업들이 자본시장에 접근할 수 있는 효과적인 진입 경로를 입증한 사례로 평가받는다. 향후 이 제도의 실효성과 활성화에 있어 중요한 참고 모델로 기능할 수 있을 것이다.

4. SPAC 합병상장 성공 사례 - 디지털대성

디지털대성은 2001년 설립된 교육 콘텐츠 전문기업으로, 대표 온라인 교육 플랫폼인 '대성마이맥'을 중심으로 **온라인·오프라인 통합 교육 서비스**를 제공하고 있다. 동사는 2019년 **한성스팩2호와의**

합병을 통해 코스닥시장에 상장하며, 전통적인 IPO 방식과 차별화된 SPAC(기업인수목적회사) 합병상장의 대표적인 성공 사례로 평가받고 있다.

(1) SPAC 합병 과정 및 주요 일정

디지털대성은 2018년 11월, 한성스팩2호와의 합병을 공식 발표하였으며, 약 **3개월 내에 주주총회 승인 및 코스닥 상장 절차를 신속히 마무리**하였다. 한성스팩2호는 2018년 5월 상장된 SPAC으로, 디지털대성의 **사업 안정성과 성장성에 주목하여** 적극적인 합병을 추진하였다. SPAC 합병상장은 **예비심사 청구, 기술성 평가 등 복잡한 상장 절차를 생략**할 수 있어, 빠른 상장 진행이 가능하며 **상장 불확실성을 크게 낮출 수 있다는 점**에서 디지털대성의 선택은 전략적으로 매우 적절했다.

(2) 사업 성장과 시너지 효과

디지털 교육 시장은 2017년 이후 가파른 성장세를 보이고 있었으며, 디지털대성은 SPAC 합병을 통해 **시의적절하게 자본시장에 진입**하였다. 상장 이후 자금 유입 및 브랜드 인지도 제고 효과를 통해 **온라인 플랫폼 고도화 및 콘텐츠 확장**에 적극 투자하였고, 그 결과 사업 성과 지표도 꾸준히 상승세를 기록했다.

연도	매출액 (억 원)	영업이익 (억 원)	시가총액 (억 원)
2017	1,150	130	1,200
2018	1,200	140	1,300
2019	1,280	150	1,500
2020	1,350	160	1,700
2021	1,420	170	1,900
2022	1,500	180	2,100
2023	1,600	190	2,300

수치로 나타나는 지속적인 성장세는 SPAC 합병상장을 통한 자금조달과 신속한 상장 결정이 **성장 동력 확보에 실질적 영향을 미쳤음을 입증**한다.

(3) SPAC 합병상장의 전략적 이점

디지털대성의 사례는 SPAC 합병상장의 장점을 다음과 같이 보여준다.

① 상장 속도 및 비용 효율성

기술성 평가 및 예비심사청구 등 정량·정성 심사 절차를 생략할 수 있어, 상장까지 소요 기간이 대폭 단축되고, 상장 관련 비용도 절감되었다.

② 합병 상대방의 네트워크 활용

기존 SPAC 투자자들이 보유한 산업 전문성, 네트워크, 자문 기능을 통해, 기업은 부족한 부분을 보완하고 전략적 성장 파트너를 확보할 수 있었다.

③ 상장 자금의 즉시 확보

SPAC이 상장을 통해 사전에 조달해 둔 자금이 합병과 동시에 디지털대성의 운영자금으로 전환되어, 상장 직후부터 신사업 투자 및 조직 확장에 활용 가능했다.

④ 정성적 평가 부담의 완화

기술력, 수익성 등 일부 정량 지표가 상장 심사 기준에 다소 미흡하더라도, 투자 관점에서 SPAC 주주를 직접 설득할 수 있어 상장에 유리한 조건을 유도할 수 있었다.

디지털대성의 SPAC 합병상장 사례는 **신속성, 효율성, 전략적 자금 활용** 측면에서 SPAC 방식의 실질적 가치를 입증한 대표 사례이다.

회사는 전통적 IPO 대비 **짧은 기간 내 상장 완료, 비용 절감, 즉시 자금 확보, 시장 신뢰 제고, 사업 고도화 투자 실행**이라는 복합적인 효과를 통해 **매출·영업이익·시가총액 모두에서 안정적 성장세**를 실현했다.

이 사례는 향후 상장을 고려하는 중견·기술 기반 기업들이 **SPAC 합병이라는 대안적 상장 방식**을 전략적으로 검토할 때 유의미한 참고 자료가 될 수 있다.

항목	내용
매수 방법	일반청약자가 환매청구권을 행사할 경우, 인수회사가 증권시장 외에서 직접 매수
행사 가능 기간	상장일로부터 3개월 이내
행사 대상 주식	일반청약자가 인수회사로부터 배정받은 공모주식 (단, 매도·인출 시 권리 소멸)
권리 행사 가격	공모가의 90% 단, 코스닥지수 급락 시 조정가격 적용
조정가격 산식	공모가 × 90% × [1.1 + (행사일 직전일 코스닥지수 − 상장일 직전일 코스닥지수) ÷ 상장일 직전일 코스닥지수]

5) 공모 단계에서의 IR 전략 및 유의 사항

IPO(기업공개) 과정에서의 IR(Investor Relations)은 일반적인 기업홍보(IR)와는 그 **목적, 대상, 전략**에서 명확히 구분된다. 특히 수요예측 단계에서 진행되는 IR은 **단기성과 집중도**가 높은 활동으로,

공모가 산정과 투자 수요 형성에 직접적인 영향을 미치기 때문에 **전략적 기획과 맞춤형 스토리텔링**이 요구된다.

(1) 기관투자자 대상 IR의 특수성

일반적인 IR은 중장기적 관점에서 기업의 가치와 비전을 전달하고 **지속적인 신뢰 형성**을 목표로 한다. 반면, 수요예측을 위한 IPO IR은 **기관투자자들을 대상으로 한 단기적 설득 활동**으로, 제한된 시간 내에 투자유치를 극대화해야 한다.

이에 따라 다음과 같은 차별화된 접근이 필요하다.

● **기관별 투자 성향 파악**: 참여 기관의 **기대 수익률, 리스크 감수 성향, 섹터 선호도** 등을 사전에 분석하고, 이에 맞춘 자료 구성 및 피칭 전략을 수립해야 한다.

● **핵심 메시지 중심의 구성**: 전달 시간은 짧고 피드백은 즉각적이므로, **한눈에 이해 가능한 인사이트 중심의 요약** 및 핵심 지표 중심의 자료 제공이 효과적이다.

(2) 실적 기반의 스토리텔링

IPO IR의 핵심은 '기술력'이나 '시장 잠재력'만을 강조하는 데 그치지 않고, **투자자 관점에서의 수익성 연계 구조**를 명확히 제시하는 것이다. 기술이나 제품의 경쟁력이 **실질적인 매출, 영업이익, 시장 점유율로 어떻게 연결되는지**를 설명해야 하며, 다음과 같은 구성을 권장한다.

- 비즈니스 모델의 수익화 구조
- 매출 성장률 및 영업이익률 추이
- 시장 내 경쟁사와의 차별화 요소
- 유사 상장기업과의 비교 분석

이를 통해 단순한 제품 소개를 넘어, 투자자 입장에서 **투자 매력도와 성장 가능성**을 직관적으로 파악할 수 있도록 해야 한다.

(3) 전망 제시 시의 신뢰도 유지

상장 직전의 IR은 기업의 공모가 및 상장 초기 주가 형성에 결정적 영향을 미친다. 이 시점에 제시된 전망과 계획은 상장 후 단기간 내에 **실현 여부가 시장에서 검증**되므로, **지나친 낙관적 전망은 리스크 요인**으로 작용할 수 있다.

따라서 다음 사항을 반드시 고려해야 한다.

- 보수적 가정에 기반한 실적 전망 제시
- 가시화된 수주·계약 또는 시장 확대 계획 위주의 근거
- 잠재 리스크 및 불확실성에 대한 대응 전략 명시

특히 예상되는 규제 변화, 공급망 이슈, 산업 내 경쟁 심화 등과 같은 **위험 요인에 대해 투명하게 언급하고, 이에 대한 대응 방안을 제시**할 경우 오히려 투자자 신뢰를 확보하는 데 도움이 될 수 있다.

공모 단계의 IR은 단순한 정보 전달이 아닌, **기관투자자와의 전략적 커뮤니케이션**이다. 기업은 IPO IR에서 기업의 기술력·성장성뿐만 아니라, **투자자의 수익 관점에서 매력도를 어떻게 설계하고 전달하는지**가 핵심 성공 요인이다. 정확하고 정제된 메시지, 실현 가능성 있는 수치 중심의 스토리라인, 그리고 투명한 리스크 대응 전략을 기반으로 한 IR 전략 수립은 **적정 공모가 확보와 IPO 성공을 좌우하는 결정적 요소**가 된다.

> 참고

1. 매출의 우상향 추세

성공적인 기업공개(IPO)를 위해 가장 기본적이면서도 핵심적인 재무 요건 중 하나는 매출액의 지속적인 성장(우상향 추세)이다. 이는 일반상장을 준비하는 기업뿐만 아니라, 재무성과보다 기술력을 중점적으로 평가하는 기술성장기업(기술특례상장기업)에게도 중요한 심사 기준으로 작용한다.

기술특례 기업의 경우, 현재의 수익성과 이익 규모보다는 **미래 성장 가능성**이 핵심 평가 요소이지만, **과거 및 현재의 매출 흐름이 상승세를 보이고 있는지 여부는 그 성장 가능성에 대한 실질적인 지표**로 간주한다. 따라서 일정 수준의 매출 기반과 성장 궤적을 확보하지 못한 경우, 기술력 자체의 우수성에도 불구하고 심사 과정에서 낮은 평가를 받을 수 있다.

▶ 일시적 매출 하락은 반드시 부정적인 신호가 아니다

한편, **매출의 일시적 감소가 반드시 부정적으로 작용하는 것은**

아니다. 중요한 것은 하락의 **사유가 명확하고 타당하게 설명될 수 있는지 여부**이다. 예를 들어, 기존에 일회성 계약 중심의 매출 구조를 가지고 있던 기업이 중장기적인 전략에 따라 **정기구독형(Subscription) 비즈니스 모델로 전환**하는 과정이라면, 초기에는 매출의 단기적 하락이 불가피할 수 있다. 이러한 경우는 단기 실적 하락이라기보다는 **비즈니스 구조 혁신 및 장기 성장 기반 마련을 위한 전략적 선택**으로 해석될 수 있으며, **투자자 및 심사기관으로부터 긍정적인 평가를 받을 여지가 크다.**

따라서 IPO를 준비하는 기업은 **매출의 양적 수준뿐 아니라 그 질적 변화와 성장 방향성에 대한 명확한 설명 논리를 갖추는 것이 중요**하다. 매출 추세가 장기적으로 우상향하고 있고, 일시적 변동이 있다면 그 배경과 향후 회복 가능성에 대한 근거를 확보해 시장과의 신뢰를 형성하는 것이 IPO 성공의 관건이라 할 수 있다.

2. 영업이익 개선 전략

기술성장특례를 활용하는 기업의 다수는 상장 시점에서 **영업손실 상태**에 놓여 있는 경우가 일반적이다. 그러나 이러한 재무구조는 상장 과정에서 절대적인 장애 요소로 작용하지는 않는다. 중요한 것은 **상장 후 흑자 전환이 가능하다는 명확한 전략과 실행 로드맵**을 제시할 수 있는지의 여부다. 단순한 계획 수준을 넘어, **정량적 수치 기반의 예측자료와 실현 가능성을 뒷받침하는 근거 자료**가 반드시 수반되어야 한다.

1) 적자 상태의 기업에 요구되는 전략적 접근

영업이익이 손실 상태인 기업이라도, **실적 개선이 가능한 구조적 여건**을 확보하고 있다면 시장과 심사기관은 긍정적인 평가를 내릴 수 있다. 특히 다음과 같은 경우에는 더욱 **정교한 전략 제시**가 요구된다.

- 최근 분기 또는 연도 기준 **적자 폭이 확대되고 있는 경우**
- 과거 **흑자를 기록했으나 최근 적자로 전환된 경우**

이러한 상황에서는 단기 실적 악화의 원인을 **일시적 요인인지, 구조적 문제인지** 명확히 구분해 설명하고, 이를 어떻게 극복할 것인지에 대한 전략이 필수적이다.

2) 업종 특성을 고려한 개선 전략의 설계

- **제조업**의 경우, 공장 신설이나 설비투자 등으로 인한 단기적 영업이익 감소는 충분히 이해 가능한 사유로 받아들여질 수 있다.

이때는 해당 투자가 **중장기 성장 기반 구축을 위한 전략적 선택**임을 입증하는 것이 중요하다.

● 반면 **소프트웨어, 플랫폼 기반 기업**의 경우, 영업손실 확대 원인이 인력 비용 증가, 신규 사업 투자, 수익모델 전환 등에 있다면, 이러한 변화가 **실질적인 수익 창출로 연결될 수 있는 구조인지**에 대한 설명이 필요하다. 특히 기존과 차별화된 **새로운 비즈니스 모델 또는 서비스 구조**를 통해 수익 개선이 가능하다는 구체적 시나리오가 제시되어야 한다.

3) 심사 기준의 최근 변화: 실적 개선 전략에 대한 심층 검토 강화

2021~2022년 사이 기술특례상장을 통해 증시에 입성한 일부 소프트웨어 기업들이 상장 이후에도 **지속적인 영업손실**을 기록하거나 적자 폭이 확대되는 사례가 다수 발생하면서, **시장 신뢰도 하락**이라는 부정적 결과로 이어졌다. 이에 따라 **한국거래소는 현재 영업손실 기업에 대해 재무구조 개선 전략의 구체성과 실행 가능성을 더욱 엄격하게 검토**하고 있다. 단순한 기술력만으로는 상장요건을 충족하기 어렵고, **실질적인 수익성 확보 가능성에 대한 신뢰를 심사위원회에 어떻게 전달할 것인지**가 핵심 평가 요소로 작용하고 있는 것이다.

따라서 기술특례상장 또는 혁신기술특례상장을 준비 중인 기업은 **기술력 이외에도 재무적 관점에서 실현 가능한 수익성 전환 전략**을 명확히 설계하고, 객관적인 수치와 데이터로 이를 뒷받침하는 준비가 필수적이다. 이는 단지 상장 심사 통과를 위한 요건일 뿐만 아니라, **상장 이후 시장 신뢰 확보와 주가 안정성 유지**를 위한 핵심적 요소이기도 하다.

3. 연구개발 투자 규모 및 비율

기술성장기업 특례상장을 준비하는 기업에게 있어 **연구개발(R&D) 투자 수준은 기술력의 정량적 지표로써 핵심적인 평가 요소**가 된다. 해당 제도는 기술 기반의 혁신기업이 상장을 통해 자본시장에서 성장 기회를 확보할 수 있도록 지원하는 만큼, **연구개발에 대한 적극적인 투자 여부**는 상장 심사의 중요 기준이 된다.

특히, **동종업계 평균 대비 높은 R&D 투자 규모 또는 매출 대비 R&D 투자 비율**은 기업의 기술 경쟁력과 미래 성장 가능성을 입증하는 긍정적 신호로 작용한다. 심사 과정에서 이러한 수치는 기술력의 내재화 정도, 기술 완성도, 지속적인 기술 확보 의지 등을 간접적으로 보여주는 지표로 활용된다.

1) 연구개발비 회계처리 시 고려 사항

일부 기업의 경우, **재무제표상에 나타나는 연구개발비용이 낮게 표시**되어 있는 사례가 있다. 이는 연구개발비가 ▲비용 처리되지 않고 자산화(무형자산 등)되었거나, ▲타 계정(예: 제조 경비, 일반관리비 등)에 포함된 경우가 있기 때문이다.

이러한 상황에서는 **재무제표 외적인 보완자료를 통해 실질적인 연구개발 투자 규모를 입증**할 필요가 있다. 심사기관 및 투자자에게 다음과 같은 보완 설명이 요구된다.

- **연구개발 관련 자산화 내역**: 개발비 자산으로 처리된 항목과 금액의 상세 명세
- **회계처리 기준 설명**: 기업의 회계정책에 따라 특정 연구개발 활동이 비용 처리되지 않은 이유
- **실제 투입 인력 및 설비자료**: 인건비, 외주 용역비, 장비 투자 등 실질적 투입 자원의 구체적 내역
- **기술 관련 성과**: 해당 연구개발 활동을 통해 확보한 특허, 인증, 기술이전 실적 등

이를 통해 **재무제표상 수치와 실제 기술개발 활동 간 괴리를 해소**할

수 있으며, 상장 심사 및 투자자 설명(IR) 과정에서 기업의 기술력에 대한 신뢰도를 제고할 수 있다.

2) IPO 전략 측면에서의 시사점

● **R&D 투자 비율 관리**: 매출 대비 일정 수준 이상의 R&D 투자를 지속하는 것이 상장 심사 및 기술평가에서 긍정적 요인으로 작용

● **정성적 설명자료 확보**: 재무제표만으로 설명되지 않는 기술 투자 활동은 사전적으로 자료화하여 평가 대응

● **기술의 상업화와 연계된 투자설명**: 단순한 연구개발 투자가 아니라, 향후 **제품화·매출화 가능성이 높은 영역에 집중된 투자**라는 점을 강조할 필요

기술성장기업 특례상장에서 연구개발 투자는 단순한 비용이 아닌 **기업의 미래 가치를 결정짓는 핵심 자산**으로 평가된다. 특히 연구개발비의 규모와 비율은 기술 경쟁력, 혁신 역량, 기술사업화 가능성에 대한 객관적 근거가 되므로, 단순 수치뿐 아니라 **그 내역과 회계처리 방식에 대한 세부 설명까지 포함한 입체적인 정보 제공**이 중요하다. 이를 통해 **기술력 기반의 IPO 성공 가능성을 실질적으로** 제고할 수 있다.

4. 전략적 투자자로부터의 투자유치 실적

기술성장기업 특례상장을 준비하는 기업에게 있어 **외부 투자유치 실적**은 기술력과 사업성에 대한 신뢰를 입증하는 중요한 지표다. 상장 심사 과정에서도 **투자유치의 규모, 시점, 투자자의 성격(전략적/재무적)** 등이 평가 항목에 포함되며, 특히 전략적 투자자(SI, Strategic Investor)로부터의 투자는 기술력 검증의 유효한 수단으로 작용한다.

전략적 투자자의 존재는 단순한 자금 유치 이상의 의미를 지닌다. 이는 해당 기업의 기술력, 사업모델, 시장성 등에 대해 **업계 이해도가 높은 주체가 직접적 신뢰를 표명한 결과**로 해석되기 때문이다. 결과적으로 전략적 투자유치는 ▲상장 심사기관의 평가, ▲기관투자자의 수요예측, ▲상장 후 시장의 신뢰 확보 등 다방면에서 긍정적 영향을 미친다.

1) 전략적 투자자(SI)와 재무적 투자자(FI)의 구분

구분	전략적 투자자 (Strategic Investor)	재무적 투자자 (Financial Investor)
투자 목적	기술·사업적 시너지 확보, 공급망 안정화 등 전략적 이익 추구	수익률 확보, 자본 차익 실현 등 재무적 이익 추구
관여 수준	장기적 협력 관계 추구, 경영 및 사업 의사결정 일부 참여 가능	경영 불개입 원칙, 수동적 투자자로서 자산운용 목적
투자 사례	대기업이 신기술 스타트업에 투자, 제조사가 공급망 확보 목적으로 지분 취득	벤처캐피털(VC), 사모펀드(PEF) 등 금융투자기관
투자 기간	장기 지향, 전략적 제휴 또는 인수 가능성	단기~중기 지향, 투자 회수(Exit)에 중점

2) 전략적 투자유치가 IPO에 미치는 영향

① 기술력 검증의 정성적 근거 제공

전략적 투자자는 업계 내 높은 정보력을 바탕으로 투자 여부를 판단하므로, 이들의 투자는 기술력 및 상업화 가능성에 대한 간접적 '외부 인증'으로 기능한다.

② 시장 수요 입증 및 안정성 확보

전략적 투자자는 해당 기업의 제품·서비스를 실제로 활용하거나 공급망에 통합할 가능성이 높아, 향후 매출의 실현 가능성을 제고시키는 실질적 파트너가 된다.

③ 투자유치 실적에 대한 정성 평가 강화

단순한 투자 금액 외에도 투자자의 성격, 업계 내 위상, 전략적 파트너십 여부 등 '투자자 구성의 질'이 상장 적격성 평가에서 중요한 고려 요소가 된다.

기술성장기업 특례상장에서 전략적 투자자 유치는 기술력, 사업성, 성장 가능성을 종합적으로 입증할 수 있는 핵심적인 수단이다. **양적 투자유치 실적에 더해, 질적 구성(누가 투자했는가)에 대한 전략적 접근**이 필수적이다. 따라서 IPO를 준비하는 기업은 단기 자금조달 목적의 재무적 투자유치뿐만 아니라, **산업 내 연관성을 갖는 전략적 파트너와의 장기적 협력 구조를 선제적으로 설계**하는 것이 성공적인 상장과 이후 시장 안착의 기반이 될 수 있다.

5부
지적 사례

1. 수익 관련 주요 지적 사례 분석

상장예비심사 과정에서 한국거래소는 기업의 수익 구조를 다각도로 검토하며, 수익의 **지속가능성, 성장성**, 그리고 **경제적 실체로서의 사업 지속가능성**을 면밀히 살핀다. 특히 법률 및 제도의 변경이 기업의 수익성에 미치는 영향을 심도 깊게 분석하며, 이에 따른 리스크를 선제적으로 파악하려 한다.

다음은 심사 과정에서 실제 지적되었던 사례들을 통해, IPO를 준비하는 기업들이 어떤 측면을 사전에 점검하고 대비해야 하는지를 살펴본다.

1) 제도 변화로 인한 사례
▶ 사례 : 정부 정책 변화에 따른 수익성 영향 검토

A사는 중소형 제약회사로, 심사 신청일 기준 전기와 전전기 매출이 각각 305억 원과 167억 원을 기록하며 성장세를 보였다. 매출총이익률은 약 60%로 매우 높은 수준이었다. 그러나 심사 당시 정부는 '약가제도 개편'과 '제약산업 선진화 방안'을 추진하고 있었으며, 이에 따라 의약품 가격 일괄 인하 및 동일 효능 제품 간 가격 동일화 정책이 시행될 예정이었다. 이와 함께 R&D 비중이 높은 혁신형

제약사에 대한 지원책도 발표되었다.

이러한 정책 변화는 제품 판매가 본격화된 A사의 수익성에 부정적인 영향을 미칠 가능성이 있었고, 이에 따라 심사기관은 A사의 **향후 수익 창출 가능성에 대한 추가적인 검토**를 요청하였다.

시사점: 정부 정책의 변화가 수익 구조에 직접적인 영향을 미칠 경우, 예상 시나리오와 리스크 요인을 기반으로 **사전 대응 전략 및 대체 방안**을 제시할 수 있어야 한다.

▶ **사례 : 사회적 이슈 및 제재 리스크에 대한 대응**

과거 **가습기 살균제 사건**으로 인해 사회적으로 큰 파장이 있었고, 이에 따라 관련 제품에 대한 규제 및 조사가 강화되었다. **B사**는 당시 가습기를 제조·판매하는 기업이었으나, 자체 조사와 식약처 검증을 통해 유해 물질이 없음을 입증받았다.

그러나 상장 심사 시점에서 공정거래위원회가 기존 관련 사건에 대한 재조사를 진행 중이었고, 향후 제재 조치 가능성이 존재했다. 이에 따라 심사기관은 해당 이슈가 B사의 수익성에 미칠 영향을 우려하였다.

B사는 이를 대응하기 위해 사내 법무팀, 재무팀, 기획팀뿐 아니라

외부 법무법인 및 회계법인으로 구성된 TF(Task Force)팀을 신속히 조직하였다. 이들은 재조사 결과에 따른 제재 시나리오를 분석하고, 과징금 등의 재무적 영향이 **제한적임을 구체적으로 소명**함으로써 상장을 성공적으로 마무리할 수 있었다.

시사점: 사회적 이슈 또는 제재 리스크가 존재할 경우, **관련 리스크에 대한 철저한 영향 분석 및 대응체계 구축**이 필수적이다. 객관적이고 구체적인 자료를 통해 회사의 입장을 투명하게 제시하는 것이 중요하다.

상장예비심사에서 수익성과 관련한 지적은 단순한 재무지표 분석을 넘어서, 외부 환경 변화와 이에 대한 기업의 대응 역량까지 폭넓게 검토된다. 따라서 다음과 같은 사항에 유의해야 한다.

● 정부 정책, 규제 변화 등 외부 변수에 대한 **리스크 요인 식별 및 분석**

● 잠재적 수익 악화 요인에 대한 **구체적인 대응 시나리오 수립**

● 사회적 논란, 규제 이슈 등과 관련된 **투명한 정보공개 및 입증자료 준비**

과거 사례를 면밀히 분석하고 이를 교훈 삼아 **기업 맞춤형 대응**

전략을 수립한다면, 까다로운 상장 심사 요건도 충분히 통과할 수 있을 것이다.

2) 산업 기술 변화 및 전방산업 영향에 따른 수익 관련 심사 사례

상장예비심사에서 한국거래소는 단순한 재무성과뿐만 아니라, 해당 기업이 속한 **산업의 기술 변화**와 **전방산업의 성장성 및 구조**까지 포함하여 종합적인 수익성 평가를 수행한다. 기술 트렌드의 급변, 전방산업의 투자 위축 등은 예비심사 과정에서 수익성에 대한 핵심 리스크로 간주되며, 이에 대한 기업의 대응 전략이 명확히 제시되어야 한다.

▶ 사례 : 산업 기술 트렌드 변화로 인한 수익성 악화 가능성

C사는 2G 폴더형 핸드폰의 핵심 부품인 힌지(Hinge)를 생산하는 기업으로, 해당 분야에서 **독점적인 기술력과 시장 지위**를 확보하고 있었다. 그러나 상장예비심사 시점에서 핸드폰 시장은 2G 폴더폰에서 3G 스마트폰(BAR 타입)으로 급속하게 전환되고 있었다. 이러한 기술 패러다임 변화는 관련 부품 수요의 급감으로 이어질 가능성이 높았다.

심사기관은 이와 같은 기술 변화가 C사의 중상기석인 수익 창출 기반을 약화시킬 수 있다고 판단하여, **향후 수익성 지속가능성에 대한**

보완자료 제출을 요구하였다.

시사점: 시장 기술이 급변하는 산업에 속한 기업은, **기술 변화에 대한 감지와 대응 전략**을 사전에 수립하고, 주력 제품의 수요 지속가능성을 다양한 시나리오로 분석하여 투자자 및 심사기관에 명확히 제시할 필요가 있다.

▶ **사례 : 전방산업 의존 구조에 따른 수익성 취약성**

D사는 디스플레이 제조 장비를 생산하는 장비업체로, 주 고객사는 디스플레이 패널 제조사들이다. 이 경우 전방산업인 패널 제조업체의 **신규 투자 규모**에 따라 D사의 수익성이 크게 좌우된다.

심사 당시 디스플레이 산업은 **경쟁 심화 및 단가 하락**으로 인해 수익성이 전반적으로 저하되고 있었으며, 이에 따라 제조사들이 **설비투자 축소**를 예고하고 있었다. 이러한 산업 상황은 D사의 매출 성장성에 제약을 줄 수 있다는 판단하에, 심사기관은 **전방산업 변화에 따른 수익성 영향 및 대응 방안**을 추가로 검토할 것을 요청하였다.

시사점: 전방산업에 대한 의존도가 높은 기업은, 해당 산업의 **경기 사이클, 투자 계획, 경쟁 구조 변화** 등 외부 요인이 자사 실적에 미치는

영향을 정밀하게 분석하고, 이에 대한 **다변화 전략이나 대응 역량**을 입증해야 한다.

산업 전환기 또는 전방산업 의존도가 높은 기업들은, 다음과 같은 요소에 대한 사전 준비가 필수적이다.
- 기술 트렌드 변화 감지 및 대응 전략 수립
- 주력 제품 및 기술의 시장 수명 주기 분석
- 전방산업 경기 및 투자 흐름에 대한 정기적 모니터링
- 리스크 발생 시 대체 수익원 확보 가능성 제시

한국거래소는 기업의 단기성과보다는, 중장기적인 수익 창출 구조의 안정성과 지속가능성에 무게를 둔다. 따라서 외부 환경 변화에 대한 **정확한 인식과 선제적 대응 전략**을 보유한 기업만이 상장 심사를 성공적으로 통과할 수 있다.

3) 시장 환경이 IPO 성패에 미치는 영향 – 주요 사례 분석

IPO의 성공 여부는 기업의 기술력과 사업모델의 우수성에만 좌우되지 않는다. **시장 환경, 즉 증시 전반의 분위기, 글로벌 경제 상황, 투자 심리의 흐름** 등 외부 요인 역시 상장 성과에 중대한 영향을

미친다.

특히 경기 둔화기나 불확실성이 확대되는 시점에는, 우수한 기업조차도 상장에 실패하거나 기대에 못 미치는 성과를 기록하는 경우가 발생한다. 2022년을 전후로 국내 IPO 시장에서 주목받았던 쏘카(SOCAR)와 SK쉴더스(SK Shieldus)의 사례는 이러한 외부 변수의 중요성을 잘 보여준다.

▶ **사례 : 쏘카(SOCAR) - 공모가 하향에도 불구한 투자 심리 위축**

쏘카는 국내 차량 공유 서비스 분야에서 선도적인 입지를 가진 기업으로, 플랫폼 기반의 모빌리티 사업모델과 성장성 측면에서 시장의 높은 기대를 모았다. 그러나 **2022년 상장 당시 글로벌 경기 둔화** 및 **금리 인상 기조** 속에 투자 심리가 위축되면서, 기업은 공모가를 최초 희망가보다 낮춰 상장을 추진할 수밖에 없었다.

그럼에도 불구하고 상장 직후 주가는 공모가를 밑돌며 약세 흐름을 이어갔다. 이는 우수한 기술력과 성장잠재력을 보유한 기업일지라도, **시장 환경 악화 시에는 투자 수요 유입에 한계가 있음을 보여주는 사례**로 평가된다.

▶ 사례 : SK쉴더스(SK Shieldus) - 시장 상황으로 인한 상장 철회

SK쉴더스는 사이버 보안 및 물리 보안을 통합 제공하는 종합 보안 플랫폼 기업으로, 안정적인 수익 기반과 높은 기술력을 바탕으로 2022년 IPO를 추진하였다. 그러나 당시 **글로벌 증시의 침체**, 특히 **빅테크 및 성장주에 대한 투자 심리 위축** 속에서 기관투자자의 수요가 기대에 미치지 못했다.

결과적으로 회사는 공모 흥행이 어려울 것으로 판단하여 **상장 계획을 자진 철회**하였다. 이는 IPO를 단행하기에 앞서, 기업 가치 제고와 주주 신뢰 확보를 위해 **시장 타이밍을 전략적으로 고려해야 함**을 보여주는 대표적인 사례이다.

위 사례들은 다음과 같은 교훈을 제공한다.

● **기술력 및 사업 경쟁력만으로는 IPO 성공이 보장되지 않는다.**

● **시장 타이밍의 전략적 판단**은 상장 성공 여부를 가르는 핵심 요소이다.

● **공모가 산정 및 수요예측 결과**는 시장 전반의 분위기와 투자자 심리에 크게 좌우된다.

● 상장을 준비하는 기업은 **시장 상황 악화 시 유연하게 일정**

조정이 가능한 내외부 소통 전략을 마련해야 한다.

특히 최근처럼 글로벌 경제의 변동성이 커지는 환경에서는, **기업 내외부 요소뿐 아니라 거시경제 및 증시 흐름을 종합적으로 고려한 IPO 전략 수립**이 요구된다.

4) 수익의 지속가능성에 대한 심사기관의 주요 검토 사항

한국거래소는 상장 심사 과정에서 기업의 **수익 창출 구조가 장기적으로 유지 가능한지**를 핵심적으로 검토한다. 특히 수익이 **특정 고객사에 과도하게 의존**하거나 **일시적 요인에 의해 급증한 경우**, 해당 수익이 향후에도 지속될 수 있을지를 다각도로 판단한다. 다음은 수익 지속성과 관련된 주요 지적 사례들이다.

▶ 사례 : G사 - 구사업 침체 및 신사업 변동성에 대한 우려

G사는 기존 사업으로 유무선 콘텐츠 및 증권 방송 서비스를, 신사업으로 주식담보대출 솔루션 및 온라인 증권 정보 제공 서비스를 영위하고 있다. 심사 당시 구사업은 경쟁 심화로 인한 매출 둔화가 뚜렷하였고, 신사업은 주식시장 흐름에 따라 수익 변동성이 컸다.

이에 따라 심사기관은 다음과 같은 사항에 대한 구체적 소명을 요청하였다.

- 구사업 부문의 시장 내 경쟁력 확보 방안
- 신사업 부문의 시장 안정성과 지속가능성 확보 전략
- 전사적 매출 기반의 다변화 가능성

시사점: 구사업의 매출 정체와 신사업의 고변동성 구조가 혼재된 경우, 각 사업의 경쟁력 확보 전략과 수익 안정화 방안을 구체적으로 제시해야 한다.

▶ **사례 : H사 - 특정 고객사에 대한 과도한 매출 의존**

H사는 최근 3개년간 주요 거래처인 Y사에 대한 매출 비중이 54% → 94% → 99%로 지속 증가하고 있었다. 거래처 편중이 매우 심각한 수준에 도달한 상황이다.

이에 따라 심사기관은 다음 항목을 집중 검토하였다.

- H사의 기술 경쟁력 및 대체 불가능성
- 고객사 Y사와의 기술 표준 및 품질 유지 가능성
- 독점공급 계약 체결 여부 및 지속가능성
- 고객사 자체의 재무 안정성과 향후 투자 계획

시사점: 매출이 특정 기업에 집중된 경우, 공급 안정성 및 기술적

종속 리스크에 대한 해명이 필요하며, 거래처의 재무 건전성까지 검토의 범위가 확장된다.

▶ 사례 : I사 - 주요 고객사의 재무위험이 매출 지속성에 미치는 영향

I사의 전체 매출 중 약 69.3%가 W사로부터 발생하고 있으며, W사와의 계약 체결 이후 매출이 급증하였다. 그러나 W사는 심사 시점에 개발 비용 증가 및 시장 진입을 위한 가격 경쟁으로 인해 적자 상태였으며, 자본 잠식이 진행 중이었다.

이에 심사기관은 W사의 재무 리스크가 I사에 미치는 영향에 대해 다음과 같은 우려를 제기하였다.

- W사의 경영 악화에 따른 수주 축소 가능성
- I사의 중장기 매출 안정성 저하

시사점: 고객사의 재무 상태가 불안정할 경우, 연동된 공급사인 상장예정기업의 수익 구조도 불안정하게 평가될 수 있다.

▶ 사례 : J사 - 일시적 수주에 따른 급격한 매출 증가

J사는 최근 3개년간 31억 → 213억 → 678억 원으로 매출이

급증하였다. 그러나 이 같은 성장은 특정 고객사(T사)의 대규모 시설투자에 따른 일회성 수주에 기인한 것으로 확인되었다. 심사기준일 현재 T사로부터의 추가 수주 가능성은 낮았다.

이에 따라 심사기관은 다음과 같이 판단하였다.

- 과거 매출 성장은 **비경상적 요인**에 의한 것으로, 장기 지속성이 미약함
- 향후 실적 추정 및 성장성 근거가 부족함

시사점: 단기적 수주로 인한 매출 급증은 투자자 오해를 불러일으킬 수 있으며, 경상적 수익 기반이 약할 경우 심사 통과에 제약이 따른다.

상장예정기업은 다음과 같은 항목을 사전 점검하고 대비할 필요가 있다.

- **주요 고객사 매출 의존도**: 특정 거래처에 과도하게 의존할 경우, 고객사의 재무 상태 및 계약 지속가능성에 대한 분석을 함께 제시해야 함
- **일회성 수주 여부**: 과거 수주가 비경상적인지 여부를 구분하고, 향후 유사 매출 창출 가능성에 대한 구체적 계획 필요
- **수익 구조의 안정성 및 다변화 전략**: 기존 사업의 안정성과 신사업의 성장성 간 균형을 유지할 수 있는 전략 수립이 필요

상장 심사는 단순한 실적 검토가 아닌 **지속 가능한 기업 운영 가능성**을 전제 조건으로 하며, 이러한 수익 기반에 대한 투명하고 설득력 있는 자료 준비가 반드시 선행되어야 한다.

5) 수익성 지표 및 영위 업종에 대한 심사기관의 주요 검토 포인트

(1) 영업이익률의 변화와 원인 분석

상장 심사에서 단순한 매출의 크기보다는 **영업이익 및 영업이익률(영업이익/매출)**의 수준과 변화 원인이 핵심적으로 검토된다. 높은 매출이 실질적인 수익으로 연결되지 않을 경우, 주주 가치 훼손의 우려가 크기 때문이다.

▶ **사례 : E사 - 매출 증가에도 불구한 영업이익률 악화**

E사는 매출이 지속적으로 증가하고 있었으나, 영업이익률은 4.6% 수준으로 하락 추세였다. 분석 결과, 산업 내 경쟁 심화로 인한 판매단가 하락이 주요 원인으로 나타났다.

심사기관은 다음 사항에 대한 구체적인 해명을 요청하였다.

● 판매단가 하락에 대응한 **비용 효율화 전략**

- 영업이익률 회복을 위한 **제품 경쟁력 제고 방안**
- 경쟁사 대비 영업이익률 수준 및 개선 여력

시사점: 일반적으로 매출 증가에 따라 규모의 경제가 실현되어야 영업이익률이 향상되나, 단가 경쟁으로 수익성이 저하되는 경우 개선 방안에 대한 실질적 제시가 필요하다.

▶ **사례 : F사 - 비용 절감에 따른 영업이익률 상승에 대한 한계**

F사는 운전석용 시트 및 내장재 공급업체로, 심사 시점 기준 전기 대비 영업이익률이 1.4% 상승하였다. 그러나 해당 수익성 개선은 인건비 축소, 임원 급여 조정, 광고 및 교육훈련비 삭감 등 단기적 판매관리비 절감에 의한 결과로 확인되었다.

심사기관은 다음과 같은 추가 검토를 수행하였다.

- 수익성 개선이 **지속 가능한 구조적 변화인지 여부**
- 기술개발, 생산 공정 개선 등 **근본적 원가 개선 활동 유무**
- 동종업계 대비 영업이익률 수준 및 추이 비교

시사점: 단기적 비용 통제로 인한 이익 개선은 지속가능성이 낮다고

판단되므로, 기술력 기반의 장기적인 수익성 개선 전략이 병행되어야 한다.

(2) 수익 실현 후 채권 회수 가능성 검토

수익이 장부상으로 인식되더라도, 실질적으로 **매출채권이 회수되지 않는 경우** 재무 안정성과 현금흐름에 중대한 영향을 미친다. 이에 심사기관은 채권의 회수 가능성을 집중적으로 분석한다.

▶ 사례 : L사 - 해외 프로젝트 채권 회수 가능성에 대한 우려

L사는 개발도상국을 주요 발주처로 하는 특수설비 엔지니어링 기업으로, 일부 프로젝트는 발주국의 정치적 혼란으로 인해 공사 중단 또는 대금 회수가 지연되고 있었다.

이에 따라 심사기관은 다음 사항을 집중 검토하였다.

- 공사 중단분에 대한 **지급청구권 존재 여부**
- 미회수 채권에 대한 **회수 가능 시점 및 계획**
- 채권 연령 분석 및 **장기채권 비율**
- 주요 거래처의 **신용도 및 재무 상태 평가**

시사점: 채권 회수 가능성은 수익의 실현과 직결되는 요소로, 회수불능 가능성이 있는 경우 그에 따른 충당금 설정 및 위험 관리 대책을 명확히 제시해야 한다.

(3) 업종의 적정성과 국민 정서에 대한 부합 여부

기업이 영위하는 업종이 **사회적 수용성이나 공공성에 반할 경우**, 상장 자체가 제한될 수 있다. 이는 상장을 통한 자금조달의 목적이 국민경제에 기여하는 방향과 부합해야 한다는 원칙에 기반한다.

▶ 특이 업종에 대한 제한 사례

다음과 같은 업종은 상장 심사 시 부정적 평가를 받을 수 있다.

- 대부업, 채권추심업
- 성인방송 및 유해 콘텐츠 산업
- 카지노 등 사행성 산업

심사기관은 최근 사업연도 기준으로 다음과 같은 항목을 통해 업종을 판단한다.

- 제품 및 서비스별 **매출 비중 분석**
- **부가가치 기여도 분석**

● 산업의 **국가 경제 기여도** 및 사회적 인식

시사점: 상장을 추진하는 기업은 영위 업종이 공익성과 경제적 기여 측면에서 적합한지를 사전에 판단해야 하며, 해당 업종에 부정적 이미지가 있을 경우 구체적인 해소 방안을 제시해야 한다.

(4) 차별적 포지셔닝 전략을 통한 상장 심사 극복 사례

상장 심사 과정에서 기존 사업모델의 경쟁력과 지속가능성에 대한 회의적인 평가를 받은 기업이, 차별화된 비즈니스 전략과 포지셔닝을 통해 심사 리스크를 극복한 사례는 실무적으로 매우 유의미하다. 다음은 그러한 대표적인 사례로, K사의 전략적 대응 방안을 소개한다.

▶ **Case: K사 - 감성 기반 디자인 전략을 통한 재정의된 사업모델**

K사는 모바일 기기용 플라스틱 커버를 제조하는 기업으로, 상장예비심사 과정에서 다음과 같은 우려가 제기되었다.

- 저가 제품과의 차별성 부족
- 모바일 액세서리 산업의 단기성 및 유행성
- 패션 트렌드 변화에 따른 수요 불확실성

심사기관은 해당 업종의 낮은 진입 장벽과 디자인 산업의 변동성 등을 고려하여 **매출의 장기 지속가능성**과 **경쟁력 확보 전략**에 대한 구체적인 보완을 요청하였다.

　K사는 심사기관의 우려에 대해 다음과 같은 방식으로 효과적으로 대응하였다.

① 사업 정체성의 재정의
　○ 단순 제조업체가 아닌, **'모바일 패션 디자인' 산업의 선도기업**으로 자사 정체성을 명확히 재정의
　○ 제품을 감성적 소비재로 재포지셔닝하여, 기능 중심의 소모품에서 **브랜드 중심의 패션 상품**으로 가치 전환

② 소프트 파워 기반 경쟁력 강조
　○ 디자인 자체가 가지는 정서적, 문화적 파급력(Soft Power)을 기반으로 한 **비가격 경쟁력 확보**
　○ 유행을 선도하는 디자인 역량을 핵심 자산으로 제시

③ 브랜드 포트폴리오 전략 수립

○ 타겟 고객층 및 유통 채널별로 세분화된 **브랜드 다각화 전략** 제시

○ 브랜드별 제품라인, 출시 일정, 가격대, 목표시장 등 **정량적 계획**을 통해 향후 수익 창출 구조를 객관화

④ 장기 매출 계획 구체화
○ 브랜드 포트폴리오 기반의 **3~5년 매출 예측자료** 및 시나리오별 손익 추정치를 데이터로 제시
○ 주요 유통처 및 글로벌 진출 전략과의 연계성 설명

K사의 사례는 다음과 같은 중요한 교훈을 제공한다.
● **기존 사업모델의 한계는 차별화된 포지셔닝 전략을 통해 극복 가능하다.**
● ****무형의 전략(디자인, 감성, 브랜드 이미지 등)****은 정량적 자료 및 구조화된 비즈니스 모델로 전환해 심사기관을 설득해야 한다.
● **장기적 매출 지속성에 대한 우려**는 구체적 수치, 브랜드 전략, 마케팅 계획 등을 통해 신뢰성 있게 해소해야 한다.

2. 재고자산 관련 상장 심사 주요 지적 사례 및 대응 전략

상장예비심사 과정에서 재고자산은 기업의 수익성 및 재무건전성을 평가하는 핵심 항목 중 하나로, 심사기관은 재고 규모의 적정성, 재고 회전율, 장기 재고 비중, 내부통제 체계 등을 다각도로 검토한다. 다음은 실무에서 실제로 지적된 사례를 중심으로 재고자산 관련 주요 쟁점과 대응 방안을 정리한 내용이다.

▶ 심사기관의 주요 검토 항목

① 재고자산 보유 수준의 적정성
  ○ 자기자본 대비 재고자산 비중 및 동종업계 평균과의 비교
  ○ 리드타임, 생산 주기, 산업 특성 등을 감안한 질적 판단 포함

② 장기 재고 및 진부화 재고의 식별 및 평가
  ○ 품목별 연령 분석을 통한 장기 재고 식별
  ○ 한국채택국제회계기준(K-IFRS)에 따른 **순실현가능가치(NRV)** 평가의 적정성

③ 내부통제 시스템 운영 실태

○ 재고관리 조직의 업무 분장, 월별 재고 실사 및 결산 절차의 적절성

○ 원가 결산 및 재고수불부 관리 체계의 일관성 및 정확성

▶ **Case 1: 재고자산의 과다 보유 및 장기 재고 증가 - A사**

기업 개요

A사는 셔츠, 자켓, 바지, 정장 등 의류를 제조 및 판매하는 기업으로, 상장 심사 당시 다음과 같은 문제가 지적되었다.

심사기관의 지적 사항

- 재고자산이 자기자본의 **93%**로 과도한 수준
- 재고자산 회전율이 **9.8회 → 5.3회**로 급격히 하락
- **1년 이상 장기 재고** 비중이 전체 재고의 **26%**까지 상승
- 장기 재고에 대한 **평가 정책 미비**로 인해 과대계상 우려 존재
- **경쟁사 대비 재고 규모 과다**

요청된 보완 사항

- 증가한 재고자산 및 장기 재고의 **구체적인 소진 계획 제시**

- 장기 재고에 대한 **평가 정책 보완 및 회계기준 준수 여부 확인**

시사점
- 재고가 매출 대비 과도할 경우 자산 건전성에 대한 신뢰가 저하됨
- 장기 재고는 실질적으로 수익 실현 가능성이 낮으므로 **보수적 평가 및 손상 인식**이 필요

▶ Case 2: 내부통제 미비 및 원가 결산 오류 - B사

기업 개요

B사는 제조업체로, 상장예비심사 과정에서 재고관리 및 원가 결산 시스템에 중대한 내부통제 결함이 발견되었다.

심사기관의 지적 사항
- 재고 구매, 보관, 출하 부서 간 **업무 분장 미흡**
- **월별 재고 실사 및 결산 절차 미비**로 재고 실재성 신뢰도 저하
- 수불부 상 **재고 단가 불일치 및 이월 오류**
- 전기 말과 당기 초 재고 간 **연결 오류 및 단가 차이**로 인한 원가

결산의 신뢰성 상실

요청된 보완 사항

- 재고관리 관련 **조직 개편 및 인력 충원**
- **업무 분장 재정립** 및 정기적 재고 실사 체계 수립
- 원가관리 시스템의 **구축 또는 개선**을 통한 일관성 확보

시사점

- 재고관리 및 원가 결산의 체계가 미비하면 **재무제표 전반의 신뢰도 하락**
- 이는 곧 상장요건의 핵심인 **투명성과 안정성 요건 미충족**으로 이어질 수 있음

검토 항목	실무 대응 전략
재고 규모 적정성	업계 평균 대비 보유 수준 분석, 리드타임 고려한 재고 정책 수립
장기 재고관리	연령 분석 및 진부화 재고 식별, NRV 평가 기준 적용
평가 정책 수립	정기적 실사와 평가 정책 내재화, 회계기준 준수 점검
내부통제	명확한 업무 분장, ERP 및 원가 결산 시스템 통합 운영
정보 제공	장기 재고의 소진 계획, 손상 인식 여부를 정량적으로 제시

재고자산은 단순히 자산 항목 중 하나가 아닌, **기업의 수익성, 안정성, 내부통제 수준을 종합적으로 반영하는 지표**다. 상장을 준비하는 기업은 재고의 물리적 관리뿐만 아니라, **회계적 평가, 정보시스템, 내부 프로세스 전반에 걸친 체계 구축**을 통해 재고 관련 리스크를 선제적으로 관리하고, 심사기관의 우려에 대해 정량적·객관적으로 대응할 수 있어야 한다.

3. 내부통제 관련 지적 사례 및 시사점

기업 내부통제는 경영활동의 효과성과 효율성을 확보하고, 재무보고의 신뢰성을 담보하며, 법규와 내부 정책의 준수를 보장하기 위한 핵심 제도다. 내부통제가 적절히 구축·운영되지 않을 경우, 기업은 **불법 행위, 부정거래, 경영 성과 왜곡** 등 중대한 리스크에 노출될 수 있으며, 특히 상장 과정에서는 **기업의 투명성과 신뢰성**을 입증하는 데 한계가 발생한다.

2023년 EY한영 회계법인이 국내 회계·재무·감사 부서 임직원 708명을 대상으로 실시한 설문조사에 따르면, **횡령 및 부정행위의 주요 원인 중 '내부통제 시스템의 부재'가 46%**를 차지하였다. 이 통계는 내부통제 체계의 부실이 기업의 윤리성과 재무 신뢰도에 미치는 영향을 단적으로 보여주는 사례다.

심사기관은 상장예비심사 시 다음과 같은 영역을 중심으로 **내부통제의 실효성과 운영 적정성**을 다각도로 검토한다.

- 회계 및 자금 관리 절차
- 특수관계자와의 거래
- 재고 및 매출 관리 시스템
- 이사회 및 감사기구의 운영 현황

1) 회계 관련 내부통제의 점검 항목

심사기관은 회계 관련 내부통제 실효성을 확인하기 위해 아래 항목을 중심으로 검토를 수행한다.

(1) 업무 분장 및 전결 체계

- 회계업무 수행자 현황과 각자의 **전결 권한 및 책임 범위**를 검토
- 거래 승인과 회계 기표 사이의 **분리 통제**(Segregation of Duties) 확보 여부 확인

(2) 회계자료 흐름 및 이상 거래 식별

● 과거 3개년간의 거래 내역(총계정원장, 분개장 등)을 통해 회계정보의 흐름 파악

● **비정상적인 거래패턴, 반복적인 수정분개** 등 이상 징후에 대한 분석 실시

● 이상 징후 발견 시, 관련 근거 문서 및 내부 결제자료 요청을 통해 추가 검증

(3) 겸직 여부 및 통제 분리

● 회계 부서, 자금 부서, 구매부에서 등 중요 업무 간의 **겸직 유무 확인**

● 특정 직원 또는 부서에 업무가 집중되지 않도록 **직무 분리와 견제 체계** 확보 여부 검토

▶ **사례 분석: 대우조선해양의 분식회계 사례**

대표적인 내부통제 부실 사례로는 대우조선해양의 분식회계를 들 수 있다. 대우조선해양은 수주산업에 속하는 기업으로서, 진행기준(Percentage of Completion Method, POC)에 따라 수익을 인식했다.

수익 인식 공식은 다음과 같다.

매출= 수주 금액 × 진행률

진행률 = 투입 원가 ÷ 예정원가

여기서 수주 금액은 총수익, 투입 원가는 실제 발생한 비용, 예정원가는 전체 프로젝트에 투입될 것으로 예상되는 총비용이다.

회계 기준서에서는 공사 기간이 장기인 경우, 수익을 프로젝트 완료 시점이 아닌 **연도별로 누적된 진행률에 따라 분할 인식하도록 규정**하고 있다. 하지만 대우조선해양은 **예정원가를 인위적으로 낮춰 진행률을 과도하게 높인 후, 허위로 매출을 계상하는 방식의 분식회계**를 시행하였다. 이 과정에서 회계 및 재무 담당 임직원들이 공모하여 내부통제 장치를 무력화한 것이 주요 원인으로 지목되었다.

상기 사례는 기업 내부통제 시스템이 적절히 작동하지 않을 경우, 회계정보의 신뢰성 저하뿐 아니라 기업 전체의 **레퓨테이션 리스크 및 법적 책임**으로 직결될 수 있음을 보여준다. 상장예비기업은 다음과 같은 조치를 선제적으로 강구해야 한다.

- **회계처리의 승인 및 검토 체계 확립**
- **부서 간 직무 분리 및 견제 기능 강화**
- **회계정보의 정합성 검증 및 이력 관리 체계 확보**

● **감사위원회, 내부 감사조직 등 독립적인 검토 기구의 실질적 운영**

IPO 심사는 단순히 형식적 요건의 충족 여부를 넘어서, **실제 내부통제 시스템이 작동하고 있는지에 대한 실질적 검증 절차**이므로, 기업은 내부통제를 단순한 준법 차원을 넘어 **지속가능경영을 위한 경영 인프라**로 인식하고 사전에 점검·보완하는 것이 필수적이다.

2) 자금 관련 내부통제

자금 관련 내부통제는 채권 회수 및 채무 지급 과정이 회사의 규정에 따라 엄격히 운영되는지를 점검하는 것이 핵심이다. 또한, 자금 시재 현황이 매일 정확하게 보고되고 관리되는지 여부를 확인해야 한다. 자금 입출금 시에는 반드시 전결권자의 승인 절차가 이행되고 있는지, Firm Banking 시스템을 활용한 자금 이체 시에는 이체 기안자와 승인권자가 명확히 분리되어 있는지 점검해야 한다.

대표적인 내부통제 미비 사례로는 오스템임플란트 횡령 사건을 들 수 있다. 해당 사건에서는 자금관리팀장이 송금업무 담당자와 공모하여 법인 계좌의 자금을 자신의 개인 계좌로 부당 이체하였으며, 이후 은행별 잔액 현황을 내부 시스템에 저장한 후 이를 편집해 잔액 현황을 조작하는 등 내부통제 시스템을 교묘히 회피하였다.

이와 같은 사례가 재발하지 않도록, 자금 관련 내부통제 절차를 체계적으로 마련하고 엄격히 운영하는 것이 필수적이다.

4. 특수관계자 거래 관련 주요 지적 사례

심사기관은 특수관계자와의 거래에 대해 특히 엄격한 검토를 실시한다. 특수관계자 거래란 기업과 밀접한 이해관계에 있는 당사자 간 이루어지는 거래로, 일반적인 독립 거래와 달리 거래의 공정성 및 투명성 확보가 필수적이다. 한국채택국제회계기준(K-IFRS) 제1024호 '특수관계자 공시' 문단 9에서는 특수관계자의 정의를 명확히 규정하고 있으며, 심사기관은 심사 대상 회사가 특수관계자와 거래를 진행한 경우 해당 거래가 합리적 사유에 근거하였는지, 또한 내부통제 절차에 따라 적절히 검토·승인되었는지를 면밀히 점검한다.

심사기관은 특수관계자 거래가 발생할 경우 아래와 같은 주요 위험 요인을 중점적으로 점검한다.

▶ 비정상적 거래 가능성

특수관계자 간 거래는 독립적인 시장 조건과 다를 수 있으며, 예를 들어 시가보다 현저히 낮은 가격으로 자산을 매도하거나 시가보다 높은 가격으로 자산을 매입하는 경우가 이에 해당한다. 이러한 비정상적 거래는 기업 및 이해관계자(주주 등)에게 불리한 영향을 초래할 위험이 크다.

▶ 부정행위 및 자산 유출 우려

특수관계자 거래는 이익 조정, 부정행위, 자산의 부당 유출 수단으로 악용될 가능성이 있다. 예컨대, 기업이 자회사를 통해 손실을 은폐하거나 부실 자산을 이전하는 경우, 또는 경영진이 자신이나 가족 소유의 회사와 유리한 조건으로 거래하여 사적 이익을 취하는 사례가 대표적이다. 이에 따라 회계 기준서에서는 거래의 투명성과 신뢰성 확보를 위해 특수관계자 거래의 공시를 엄격히 요구하고 있다.

▶ 법적 규제 미준수 및 제재 위험

특수관계자 거래는 관련 법규 및 규제 준수가 필수적이며, 이를 위반할 경우 법적 분쟁 및 규제 당국의 제재가 뒤따를 수 있다. 세금 회피, 자금 세탁, 내부자 거래 등 불법 행위가 동반될 위험이 크므로, 특수관계자 거래 발생 시 관련 규제 사항 이행 여부에 대한 철저한 검토가 요구된다.

1) 가지급금 및 가수금 관련 내부통제 심사 사례

가지급금과 가수금은 사용 내역과 용도가 명확하지 않은 경우 회계적으로 임시 처리되는 계정으로, 심사기관은 해당 거래가 회사의 내부통제 절차에 따라 적법하게 발생했는지 면밀히 검토한다. 이러한 계정은 주로 무자료 거래, 회계처리 미숙 등으로 인해 발생하는 경우가 많아, 발생 빈도나 금액 규모가 클 경우 내부통제와 연계하여 심사가 진행된다. 심사기관은 가지급금 및 가수금의 거래 내역 확인을 위해 보조장부, 통장 사본, 대여금 및 차입금 약정서 등 관련 증빙서류 제출을 요구하며 이를 검토한다. 아래는 구체적인 사례이다.

▶ 사례 1

IPO 심사 중인 A사에서는 과거 최대 주주인 대표이사에게 이사회 승인 등 적법한 절차 없이 회사 자금이 지급된 사실이 확인되었다. 또한, 특정 법무법인 등 거래처에 계약서 없이 수시로 선급금이 지급되고, 일부는 대손 처리되는 등 자금 사용 출처가 불분명한 거래가 다수 발견되었다. 아울러 대금 지급과 관련된 내부 규정 및 통제 절차가 미흡한 점도 드러났다. 상장 심사 시점에도 해당 문제점이 충분히 개선되지 않은 상태였으며, 가지급금 및 가수금 관련 거래가 지속적으로 존재하는 것으로 파악되었다. 이에 심사기관은 출처가 불명확한 자금 거래 및 특수관계자와의 거래가 적법한 절차를 통해 이루어질 수 있도록 내부통제 시스템의 보완을 강력히 권고하였다.

▶ 사례 2

반면, B사의 경우 과거 대표이사가 적법한 절차 없이 회사 자금을 사용해 개인 세금을 대납하고 개인 사업 확장에 자금을 활용한 사례가 있었으나, IPO 준비 과정에서 해당 가지급금 및 가수금을 전액 해소하였다. 더불어 내부통제 관련 규정을 새롭게 제정하고, 사외이사 및 최고재무책임자(CFO)를 선임하여 내부통제 체계를 강화하였다. 심사기관은 과거 부적절한 거래가 존재했음에도 불구하고, B사가 내부통제 제도를 효과적으로 개선·보완하여 문제를 해소한 점을 확인하고, 가지급금 및 가수금 관련 심사 요건을 충족한 것으로 평가하였다.

2) 관계회사 거래 관련 심사 주요 사항 및 사례

관계회사와의 거래는 기업의 경영 독립성과 자율성 유지 여부를 판단하는 데 중요한 심사 요소이며, 관계회사 거래가 회사의 영업활동 및 수익에 미치는 영향을 중점적으로 검토한다. 매출 및 매입 거래가 발생할 경우, 심사기관은 계약서 등 관련 증빙서류를 확보하여 타사 거래 내역과 비교함으로써 거래의 적정성을 평가하며, 특히 관계회사에 대한 매출액과 해당 관계회사가 인식한 매입액 간 일치 여부를 통해 거래의 완전성을 확인한다. 아울러, 관계회사와의 주요 자금 거래 내역은 이사회 및 주주총회 의사록을 통해 점검하며, 대여금, 가지급금, 선급금, 보증금, 가수금, 예수금, 선수금, 차입금 등의 계정과 관련하여 채권·채무의 적정성, 회수 가능성, 지급보증 여부 및 담보제공 내역 등을 면밀히 검토한다.

관계회사는 일반적으로 기업집단 내 계열회사, 회사의 대주주와 특수관계에 있는 법인, 또는 회사 및 대주주가 채무보증 및 담보를 제공한 회사를 의미한다. 아래는 관계회사 거래와 관련된 주요 심사 사례이다.

▶ 사례 1

IPO를 준비 중인 C사는 관계회사 Y사가 발주처로부터 장비 제작 수주를 수령하고, Y사가 C사에 설계 용역을 의뢰하는 구조를 가지고 있다. 상장 심사 시점에서 C사의 매출 중 75%가 관계회사 Y에 의존하고 있었으며, Y사의 매출 감소에 따라 C사의 매출도 동반 감소하는 현상이 관찰되었다. 심사기관은 관계회사 Y로부터 발생하는 매출 의존도가 높아 매출 창출의 독립성이 부족하다고 판단, 향후 관계회사 외 추가 매출 창출 방안에 대한 검토를 요구하였다.

▶ 사례 2

D사의 경우 전체 매출의 28%(232억 원)가 관계회사에서 발생하였으며, 이 중 73%(169억 원)의 매출채권이 미회수 상태로 확인되었다. 관계회사 매출채권 회수 지연은 관계회사의 자본 잠식 및 유동성 부족으로 인한 결과였으며, 이로 인해 D사의 영업 현금 흐름이 악화되고 추가 차입 발생으로 재무구조가 저하되었다. 심사기관은 관계회사 매출 비중이 크고 회수 가능성이 낮은 점, 매출 감소 가능성을 고려하여 D사에 대한 추가 매출계획 검토를 요청하였다.

▶ 사례 3

재무 상황이 좋지 않은 E사는 최대 주주가 설립한 관계회사 X사의 건물 취득 자금을 대여하였고, 해당 건물 일부를 직원 기숙사 및 연구소로 임차하였다. 그러나 심사기준일 현재 기숙사 및 연구소는 공실 상태로 활용되지 않고 있었다. 심사기관은 E사의 특수관계자 거래 관련 내부통제 부실과 관계회사와 거래의 독립성 결여를 지적하며 내부통제 강화 및 보완을 권고하였다. 상장 전 특수관계자와의 주요 거래는 합리성 검토가 필수적이다.

아래는 관계회사 거래 관련 내부통제를 보완한 사례이다.

▶ 사례 4

F사는 모회사 W사에 종속되어 사업을 영위하다가, 상장예비심사 시점에 모회사와 기술이전 계약을 체결하여 핵심 사업의 소유권, 특허 및 독점 사용권을 취득하였다. 또한 사업영역 보장계약을 통해 모회사 W사의 동일 사업 영위를 제한하였으며, W사로부터 생산시설을 매수하여 독자적 기술개발과 상용화를 이루었다. 심사기관은 이를 바탕으로 F사의 사업적 독립성을 인정하고 독자적 사업 영위가 가능하다고 판단하였다.

▶ 사례 5

생활용품 제조업체 G사는 특수관계자 T사가 운영하는 물류업체를 통해 제품을 유통하며 연간 약 100억 원(매출 총액의 3%) 규모의 거래를 지속하였다. 그러나 해당 거래는 감사보고서에 누락되었고, 내부통제 또한 미흡한 것으로 확인되었다. G사는 상장 준비 과정에서 특수관계자 거래가 적정함을 입증하기 위해 지역별 물류업체 단가 비교를 실시, T사 거래가 불리하지 않음을 소명하였으며, 업무 효율성 측면에서도 우위를 입증하였다. 또한, 특수관계자 거래와 관련된 내부통제 제도를 개선하여, 특수관계자와 겸직 임원을 해임하고 사외이사 3인을 선임하여 이사회의 독립성을 강화하였다. 내부거래위원회와 감사위원회를 별도 구성해 견제 기능을 강화한 점도 주요한 내부통제 개선 사례이다.

이와 같이 상장 준비 과정에서 특수관계자 거래가 빈번한 경우에는 거래의 당위성과 가격 적정성에 대한 근거 자료를 체계적으로 마련하고, 거래가 적법한 내부통제 절차를 통해 검토·승인되었음을 입증하는 것이 중요하다.

3) 임원의 관계회사 겸직과 경영 독립성 및 내부통제 심사

심사기관은 회사 임원이 관계회사를 포함한 타사 임원을 겸직하는 경우, 해당 겸직이 회사 경영의 독립성을 저해할 가능성이 있는지 면밀히 검토한다. 특히, 겸직이 관계회사와의 거래 발생에 미치는 영향과 거래 발생 시 공급가격의 적정성 여부, 나아가 겸직으로 인해 회사 업무 수행에 소홀해질 우려가 있는지도 종합적으로 평가한다. 아울러, 임원의 겸직과 관련하여 이사회 등 내부 승인 절차가 존재하는지, 관계회사 거래에 관한 이사회 규정의 유무, 중대한 이해관계가 얽힌 거래에 대해 해당 임원이 이사회에서 배제되는 등 이사회 운영 규정이 적절히 마련되어 있는지 여부도 확인한다. 겸직 및 관련 거래가 적법하고 투명한 절차에 따라 이루어지는지에 대해 심사기관은 엄격한 검증을 진행한다.

아래는 이러한 관점에서 검토한 사례이다.

▶ 사례

IPO를 준비 중인 H사의 최대 주주이자 대표이사는 H사를 포함한 관계회사 4개사의 대표이사를 겸직하며, 이들 5개사를 동일 건물에 입주시켜 경영을 총괄하고 있다. H사는 관계회사가 분양 중인 상가를 매수하였으나, 해당 매수 목적은 회사의 영업활동과 무관하며, 현재 해당 상가는 공실 상태로 확인되었다. 심사기준일 현재 H사와 관계회사 간 다수의 중요 거래가 발견되었으나, 상당 부분이 H사의 수익 창출 활동과는 연관성이 낮은 것으로 파악되었다. 이에 심사기관은 최대 주주이자 대표이사가 다수 관계회사의 임원을 겸직하며, 회사 업무와 직접적 관련이 없는 거래 및 자산 취득이 이루어지는 점을 근거로 회사 경영 독립성 저해 가능성을 우려하고,

내부통제 절차의 강화 및 보완을 요구하였다.

본 사례에서와 같이, 임원의 겸직이 존재하고, 해당 임원이 소속 회사와 관계회사 간 거래에 연루된 경우에는 거래의 독립성 확보와 거래 당위성에 대한 보다 엄격한 검토가 반드시 필요하다.

5. 개발비 관련 주요 심사 사례

IPO를 준비하는 기업 중 일부는 미래 제품 및 기술개발을 위한 연구개발 활동과 관련된 지출을 비용으로 처리하지 않고, 무형자산으로 자산화하는 회계처리를 시행하고 있다. 연구개발비를 개발비로 자산화하는 경우, 심사기관은 해당 개발비의 자산성이 적절히 인정되는지를 중점적으로 심사한다. 개발비 자산화는 비용 인식의 지연으로 손익 개선 효과를 유발하며, 동시에 자산 규모 증가로 인해 재무비율이 긍정적으로 나타나는 이중적 효과를 가진다. 특히 IPO 준비 기업은 연구개발비 발생 비중이 높고, 재무성과가 미흡한 경우가 많아 개발비 자산화에 대한 유인이 강한 편이다.

이에 심사기관은 개발비 발생 시점과 금액 내역을 상세히 검토하고,

향후 개발비를 통한 수익 창출 가능성을 한국채택국제회계기준(K-IFRS) 제1038호 문단 57에서 규정한 아래 6가지 요건을 기준으로 엄격하게 평가한다.

- 무형자산의 기술적 실현 가능성(완성 가능성)
- 무형자산 완성 후 사용 또는 판매 의도
- 무형자산을 사용할 수 있는 기업의 능력
- 무형자산이 미래 경제적 효익을 창출할 수 있는 방법 (외부 시장 존재 또는 내부 활용의 유용성 증명)
- 무형자산 개발 완료 및 활용에 필요한 기술적·재정적 자원 확보 가능성
- 개발 과정에서 발생한 지출을 신뢰성 있게 측정할 수 있는 능력

아래 사례는 이러한 기준에 따라 개발비 자산화 적정성에 대해 심사기관이 문제를 제기한 대표적인 경우이다.

▶ 사례

IPO를 준비 중인 A사는 상장예비심사 신청일 기준 직전 회계연도 말에 개발비 41억 원을 무형자산으로 자산화하였으며, 이는 자기자본 대비 70.1%에 해당하는 매우 높은 비중이다(동종업종 평균 약 4.0%).

심사기관은 A사가 설립 이후 지속적으로 자본 잠식 상태를 유지하고 있음에도 불구하고, 개발비 자산화 시점부터 당기순이익 규모가 증가한 점에 주목하였다. 또한, 자산화된 개발비가 실제 신제품 개발에 사용된 비용인지 불명확하며, 신제품 매출 전망과 시장 반응 또한 미흡한 상태임을 확인하였다. 심사기관은 향후 개발비 상각 및 손상 인식이 A사의 손익과 재무구조에 중대한 부정적 영향을 미칠 것으로 판단하여, 개발비 손상 인식 관련 사항을 지적하였다.

본 사례는 개발비 자산화를 진행하는 경우, 해당 개발비가 향후 실질적인 매출 창출로 이어질 수 있음을 객관적이고 신뢰성 있는 근거를 통해 입증하는 것이 필수적임을 시사한다.

| 참고 |

1. 생산·재고관리 시스템 및 내부통제에 대한 중점 점검 사항

상장예비심사 과정에서 **생산 및 재고관리 시스템의 적정성**은 재무정보의 신뢰성과 기업 내부통제 수준을 평가하는 핵심 지표다. 특히 제조업의 경우, 재고자산은 자산 구성에서 큰 비중을 차지하며, 수익성 판단에도 직접적인 영향을 미치므로, 심사기관은 생산 전 과정에서의 **내부통제 체계 구축 여부와 운영 실효성**을 중점적으로 점검한다.

다음은 일반적인 제조업체의 생산 프로세스를 기준으로, 각 단계별 심사기관의 주요 점검 사항과 기업이 유의해야 할 관리 포인트를 정리한 내용이다.

▶ 생산 프로세스 및 내부통제 점검 포인트

(1) 원재료 구매 단계
- **적정 공급처 검토**: 원재료가 신뢰할 수 있는 공급처를 통해

구매되었는지 확인

- **입고 검수 절차의 실행**: 입고 시 수량, 규격, 품질 등 검수 절차의 수행 여부 확인
- **계좌 정보의 분리 관리**: 구매 거래처의 계좌 정보는 구매 부서가 아닌, 별도 부서(예: 총무, 자금팀)에서 관리하도록 체계 분리 권고
  ○ 이는 **허위 거래 및 내부자 유용 리스크 방지**를 위한 필수 통제 사항

(2) 생산 단계

- **직접비의 적절한 배부**: 원재료비, 노무비, 외주가공비 등 직접비는 재공품 및 제품에 투입된 만큼 합리적으로 배분되어야 함
- **고정비의 원가배부 체계**: 감가상각비, 전력비, 건물관리비 등 고정비는 적절한 원가동인(Cost Driver)에 따라 제품 단위로 배부할 수 있도록 원가 시스템 구축 필요
- **수불부·작업지시서 관리**: 생산 수량, 작업공정, 자재 투입 내역 등이 기록된 작업지시서 기반으로 **생산 데이터의 정합성 확보**

(3) 검수 및 출하 단계

- **제품 품질검사 체계**: 출하 전 제품에 대한 품질검사 및 하자 여부

확인

● **출하 승인 프로세스**: 영업 부서와의 협의를 통한 출하 승인 절차의 명문화 및 시스템화

● **출하 내역의 재고 연계**: 출하 시점의 수량 및 품목이 재고시스템과 실시간으로 연동되도록 구축

(4) 재고 확정 및 재고 실사

● **정기 재고 실사 수행**: 반기 또는 연말 기준으로 물리적 재고 실사를 실시하여 재무제표상 재고의 실재성 검증

● **장기 및 손상 재고 식별**: ① 장기보유 ② 진부화 ③ 물리적 손상 등의 사유가 있는 재고에 대하여 손상 검토 및 적절한 평가손실 인식 필요

● **재고 이동에 대한 추적성 확보**: 입고 → 생산 투입 → 출하까지 전 과정에서 재고의 이동 경로 및 위치를 **시스템상으로 추적 가능**하도록 내부통제 체계 운영

○ ERP 또는 MES(Manufacturing Execution System) 도입을 통한 실시간 관리 권장

제조기업이 상장을 준비할 때는 단순한 재고수준의 관리뿐만

아니라, **전 생산 프로세스에 걸친 내부통제 체계의 구축 및 운영 현황을 정량적·정성적으로 입증할 수 있어야 한다.**

특히 최근 심사 사례에서는 다음과 같은 지적이 빈번히 발생하고 있다.

- 수불부와 재고 실재 간의 불일치
- 생산원가 배부 오류로 인한 매출총이익 왜곡
- 장기 재고에 대한 손상 미인식
- 출하 및 매출 인식의 타이밍 오류

따라서 상장을 목표로 하는 기업은 **생산·재고 흐름과 회계처리, 내부통제 시스템을 유기적으로 연계**하고, 이를 입증할 수 있는 문서화된 기준 및 절차를 사전에 마련하는 것이 필수적이다.

2. 진행 기준 매출 인식 기업의 내부통제 구축 방안

진행 기준(POC, Percentage of Completion) 방식으로 수익을 인식하는 기업은, 산출물을 인도한 시점에 일시에 수익을 인식하는 기업에 비해 **보다 복잡하고 정교한 내부통제 절차**를 요구받는다. 이는 매출 인식의 핵심 요소인 예정원가와 투입 원가가 **경영진의 추정과**

판단에 따라 좌우되기 때문이며, 이에 대한 통제가 미흡할 경우 **매출 왜곡 및 분식회계 리스크**로 직결될 수 있다.

따라서 진행 기준 수익 인식 기업은 다음과 같은 절차를 반드시 갖추어야 한다.

매출 = 수주 금액 × 진행률

진행률 = 누적 투입 원가 ÷ 예정 총원가

1) 예정원가 산정 및 변경 통제 절차

예정원가는 매출 인식의 핵심 변수가 되는 만큼, **정확하고 투명한 산정 및 변경 관리 체계**가 필요하다. 다음의 통제 항목을 포함하는 시스템 구축이 요구된다.

- **최초 예정원가 산정 시 내부 지침 기준 마련**
  ○ 과거 유사 프로젝트의 원가 데이터를 바탕으로 예정원가를 **구체적이고 세분화된 항목별로 산정**
  ○ 사전에 마련된 **예정원가 산정 지침**에 따라 원가를 구성하고, 지속적으로 해당 지침을 업데이트

- **예정원가 승인 절차**
  ○ 예정원가 최초 산정 시 **전결권자의 명시적 승인**을 필수 요건으로 설정

○ 계약 체결 전후 예정원가의 합리성을 검토하고, 변경이 필요한 경우에도 반드시 전결 승인을 득하도록 내부통제 규정화

● **결산 시점 재검토 절차**

○ 매월 또는 분기별로 **예정원가에 영향을 줄 수 있는 외부 및 내부 사건** 여부를 검토

○ 예정원가 변경이 필요한 경우, **변경 사유 및 재산정 내역을** 문서화하고 승인 기록 보관

2) 프로젝트별 원가관리 체계 구축

진행률 산정의 기준이 되는 투입 원가는 프로젝트별로 정확히 집계되어야 하며, 이를 위해 다음과 같은 관리 체계가 요구된다.

● **프로젝트별 원가 집계 시스템**

○ 복수의 프로젝트가 동시다발적으로 진행되는 기업의 특성을 고려해, **각 프로젝트별로 원재료비, 노무비, 외주비 등 직접비가 명확히 분리 집계되는 ERP 또는 원가관리 시스템**을 구축

○ 간접비(감가상각비, 전력비 등)는 적절한 **원가동인에 따라 합리적으로 배부**

● **결산 시 원가 확정 및 승인 절차**

○ 결산 시점에 **각 프로젝트별 투입 원가가 적절히 집계되었는지**에

대해 전결권자의 확인 및 승인을 받는 통제 절차를 도입

　○ 원가 집계의 기준과 방식에 대해 정기적으로 내부감사 또는 외부감사의 검토를 받을 수 있도록 준비

참고: 진행 기준 수익 인식 요건 (IFRS 제1115호 35)

한국채택국제회계기준(K-IFRS) 제1115호는 **다음 세 가지 요건 중 하나 이상을 충족하는 경우**, 기업이 수행 의무를 기간에 걸쳐 이행하는 것으로 보아 **진행 기준 수익 인식이 가능함**을 명시하고 있다.

① 고객이 기업의 수행에서 발생하는 효익을 동시에 소비

　○ 예: 정기적으로 제공되는 용역 (청소, 운송 등)

② 기업이 고객이 통제하는 자산을 만들거나 가치를 높임

　○ 예: 고객 소유의 토지 위에서 수행되는 건설공사

③ 대체 용도가 없는 자산을 만들며, 현재까지 수행한 부분에 대해 집행 가능한 청구권이 존재

　○ 예: 고객 맞춤형 산출물로 중도 계약 종료 시, 완료분에 대한 청구가 가능한 프로젝트

※ 35에 따라 진행 기준 매출을 인식하는 기업은 예정원가 및 투입 원가의 **산정, 집계, 승인 체계가 회계 신뢰성의 핵심 요소로** 작용하므로, 이에 대한 내부통제를 선제적으로 구축하고 심사

과정에서 투명하게 입증할 수 있어야 한다.

진행 기준 수익 인식을 채택하는 기업은, 예상 비용 추정과 원가 집계의 정합성 확보가 수익 인식의 정확성을 좌우한다. 이에 따라 다음과 같은 **내부통제 요소의 사전 구축 및 정기적 점검**이 요구된다.

- 예정원가 산정 지침 및 전결 통제
- 프로젝트별 원가 분리 관리 체계
- 예정원가 및 투입 원가 변경 시 내부 승인 프로세스
- 회계 및 재무 정보의 정기적 내부·외부 점검 체계

진행 기준을 적용하는 기업은 반드시 회계의 **객관성 및 일관성을 확보하는 제도적 장치**를 갖추고, 이를 상장 심사 과정에서 명확히 소명해야 한다.

저자 약력

(가나다 순)

· 김준

한국공인회계사(CPA). 전북대학교를 졸업하고, 서강대학교 IPO 전문가 과정(6기)과 연세대학교 CORE MBA(4기)를 수료하였다. 삼일회계법인에서 커리어를 시작해, 현재는 삼덕회계법인에서 근무 중이다. 다양한 기업의 회계·재무 자문과 IPO 실무 경험을 바탕으로, 기업가치 제고와 성장 전략 수립에 전문성을 갖고 있다.

· 방은주

이화여자대학교를 졸업하고, 인터파크, 한글과컴퓨터, 서울반도체, APS그룹 등 상장사에서 IR을 총괄하며, IR과 PR을 아우르는 기업 커뮤니케이션 체계를 구축해 왔다. 2015년에는 한국IR협의회 주관 'IR 우수사례 공모전'에서 대상을 수상했으며, 현재는 코아시아 그룹의 IR 및 커뮤니케이션 총괄 임원으로 재직 중이다. 오랜 현장 경험을 바탕으로 IR/PR 전략 강의 및 자문 활동을 이어가며, 업계 실무자들과 지식을 나누고 있다.

· **임영교**

연세대학교 경영학과를 전액 장학생으로 졸업하고, 동 대학원 금융공학 학·석사 통합 과정을 수료했다. 롯데쇼핑, 딜리버리히어로, 부릉 등 국내외 대기업과 스타트업을 거쳐 현재는 쿠팡에서 한국의 성공을 바탕으로 일본 사업을 확장하고 있다. 전략, 기획, 신사업, M&A, 구조조정 등 다양한 영역에서 실무 경험을 쌓아온 비즈니스 전문가로, 대기업의 체계성과 스타트업의 민첩함을 두루 이해하며 산업과 기업의 본질을 꿰뚫는 통찰력을 갖추고 있다.

· **정성빈**

법무법인(유) 화우 파트너 변호사. 고려대학교를 졸업하고 서강대학교 로스쿨 및 미국 Duke University 로스쿨을 졸업하였으며, 제4회 변호사시험 및 뉴욕주 변호사시험에 합격하였다. 최근 10여 년간 국내외 자본시장에서 IPO, 상장폐지 등 금융·자본시장 규제 관련 법률 자문을 담당해 왔으며, 특히 IPO 분야에서 축적한 실무 경험을 바탕으로 상장 및 거래소 관련 제반 규제와 공시 규제에 대한 전문적 자문을 제공하고 있다.

· **조성진**

　서울대학교와 서울대 대학원을 졸업하고, 영국 Manchester Business School에서 MBA를, University of Oxford에서 석사(MSc) 학위를 취득하였다. LG생활건강, 롯데쇼핑, 신세계그룹 등 국내 주요 대기업에서 전략기획, 재무, 인사 등 핵심 기능을 폭넓게 경험하며 조직 운영의 전반을 깊이 이해해 왔다. 이후에는 재무, 전략, 조직 분야를 아우르는 경영 임원으로서 기업의 성장을 견인하며 실질적 변화와 혁신을 이끌고 있다.